Innovation as Usual

イノベーションは日々の仕事のなかに

価値ある変化のしかけ方

パディ・ミラー
トーマス・ウェデル＝ウェデルスボルグ＝著
平林 祥＝訳

英治出版

サラとマージョリーに
ヒッテとヘンリクに

INNOVATION AS USUAL
How to Help Your People Bring Great Ideas to Life
by
Paddy Miller and Thomas Wedell-Wedellsborg

Published by arrangement with
Harvard Business Review Press, Massachusetts
through Tuttle-Mori Agency, Inc., Tokyo

［イノベーション］　昨日までとは違う行動によって、成果を生むこと

［イノベーションの設計者］　他者がイノベーションを起こすのを支援する人

序章

日々の仕事のなかでイノベーションを起こすには？

第1章

フォーカス

真に重要なことに焦点を絞るには？

第2章 外の世界とつながる
影響力のあるアイデアを生み出すには？
74

序章　日々の仕事のなかでイノベーションを起こすには？

数年前にちょっとした会食の席で、イノベーションが話題になった。すると友人の1人（大企業のマネジャー）が、こんな風に悩みを打ち明けた。

「どうも最近、うちの部下はあまり革新的じゃないように思えてね。みんな頭は切れるし、イノベーションの重要性もちゃんと理解してはいるんだが……1日の業務が終わってみると、昨日までと何ひとつ変わっていないことに気づくんだよ。どうすればいいのか、私もわからなくなってきた」

本書が彼の悩みへの答えだ。この本は、マネジャーやリーダーのための実用的な手引きである。部下がイノベーションを実践できるよう、マネジャーやリーダーはどのように支援するべきか、イノベーションを日常業務の一部とするにはどうすればいいかを説いている。

イノベーションの実現を支援する能力はあらゆるマネジャーにとって大いに価値があり、決して経営者だけが身につければいいわけではない。従って本書は、最高経営責任者（ＣＥＯ）や最高イノベーション責任者（ＣＩＯ）、研究開発（Ｒ＆Ｄ）部門や社内ベンチャーチームといったイノベーション専門部隊ではなく、組織の最前線で日々闘い続けるリーダー、限られた時間と予算と既存の人材で業務を遂行するリーダーに向けて書かれている。

リーダーの支援によって、財務やマーケティング、セールス、オペレーションに従事する一般社員が、日々の仕事のなかでイノベーションを起こせるようになること。これが本書のねらいだ。

創造的な選択

イノベーションの出発点は、「重要な何かに気づく」ことだ。

イノベーションは極めてまれな事象に思えるかもしれない。しかしイノベーションの可能性ならば、日々の暮らしのなかにいくらでも存在している。

私たちは毎日、新しい何かに、昨日とは違うやり方に挑戦するチャンスを得ている。たとえば斬新なアイデアを見つけたり、新しいツールを試したり、クライアントに異なるアプローチを試みたり、目新しい情報がないかと探したり、従来とは違うマネジメント手法を用いたり、ミーティングのやり方を変えたりしている。足元に伸びる自分自身の影のように、イノベーションのチャンスはいつだって私たちのすぐそばにある。

いつもどおりのやり方を選ぶ時にも、実は私たちには、いつものやり方を改良するというもう1つの選択肢、つまり「創造的な選択」が可能なのだ。

「創造的な選択」は、いわばイノベーションの最小構成要素だ。創造的な選択をする時、私たちは規範からわずかにそれ、少しの間いつものやり方から離れる。米詩人ロバート・フロストの名詩「選ばなかった道」が、創造的な選択とは何かを端的に表している。

森のなかで道が2つにわかれていた
私は、人の通っていなそうな道を選んだ
それですべてが変わった

本書ではイノベーションとは何かを説明するために、さまざまなイメージや隠喩《いんゆ》を用いている。適切なイメージは、思考を助ける有益なツールだからだ。特にイノベーションや文化といった定義しにくいテーマについて語る時には、イメージはとても役に立つ。というわけで、本書では全体を通して、「森のなかでわかれる2つの道」を思い浮かべてほしい。革新的な行動とは、この2つの道のいずれかを選ぶことなのだ。

フロストの詩の主人公と同様、私たちも日々、2つの道のいずれかを選ぶよう迫られている。

一方の道はいつものやり方へとつながっている。広くてきれいな舗装で、多くの人がこの道を通ってきた。その道がどこにたどり着くかを、彼らはちゃんと知っていた。もう一方の道は創造へとつながっている。できたての曲がりくねったでこぼこ道で、木々に囲まれているため、最終的にどこにたどり着けるのかさえわからない。だからたいていの人は、いつもの道を選び続ける。

イノベーションの設計者としてのリーダー

そんな現状を変えるのが、リーダーの仕事である。もっと具体的に言おう。

リーダーの仕事は、イノベーションを起こすことではない。リーダーの仕事。それは、イノベーションの設計者《アーキテクト》となること。そして部下のために、日常業務の一環として革新的な行動を実践できる職場環境を整えることだ。

本書はこの考え方に基づいている。また、以下の3つの重要概念をベースにしている。

第一は、**イノベーション・リーダーになるのと、自らがイノベーターになるのとは違う**という点だ。

率いるのが小規模なチームであれ大企業であれ、多くのリーダーは自らがイノベーターになろうとしがちだ。業界の新たな成功者として素晴らしいアイデアを生み出すにはどうすればいいか、という問題に、多くのリーダーはつい没頭してしまう。そのような夢を追い求めること自体は悪くない。けれども夢の実現を追求するあまり、リーダーとしての第一の職務――イノベーションを起こそうとしている部下を支援する――を忘れてはいけない。

イノベーションにおけるリーダーシップとは、自分自身が偉業を成し遂げることではない。部下をイノベーターとして育てることだ。もちろん、リーダー自身がイノベーションを実現するケースもあるだろう（「リーダー自身がイノベーターになるケース」を参照）。だがそれは異例と言っていい。

第二の重要概念は、**イノベーションは、日常業務の一環として実現するものである**という点だ。多くの企業は、「ブレーンストーム合宿」を行わなければイノベーションは実現できないと考えている。オフィスを離れて宿泊施設に集まり、2日間にわたってブレーンストーム・ミーティングでアイデアを出し合う合宿だ。けれども日常を離れた特別な2日間を終えてオフィスに帰ってみれば、3日前と何ひとつ変わっていないことに気づく。さらに2週間も経つころには、誰もがいつものやり方に戻っているという具合だ。つまり、優れたアイデアは2日間の合宿などでは得られないのである。

イノベーションの追求は、特別なイベントであってはならない。むしろ合宿期間の2日を除いた363日間において、日常的に追求するべきものなのである。そしてリーダーは、この創造的な道のりを部下がたどるのを後押ししなければならない。彼らへのサポートを、その場限りではなくルーチンワークとして行うことも大切だ。

第三の、そして最も重要な概念は、**いかにしてイノベーションの実現を支援するか**という点だ。リーダーは、部下を変えようとしてはならない。変えるべきは、彼らが働く環境だ。リーダーは、部下が容易に、積極的にイノベーターになれる環境を整えなければならない。イノベーターがたどるべき道を開き、その創造的な道のりを未来のイノベーターが難なくたどれるよう、そしてイノベーションを実現できるよう、職場を設計するのがリーダーの仕事である。本書でリーダーを「イノベーションの設計者」と呼ぶのもそのためだ。

職場の作業環境と人間関係を設計し、適宜、改良して組み立て、日常のイノベーションが生まれる環境を作り上げるのがリーダーの任務である。この概念は特に重要なので、その成り立ちを次のセクションで詳しく見ていこう。

リーダー自身がイノベーターになるケース

本書はイノベーションの設計者としてのリーダーについて語るものだが、リーダー自身がイノベーターになるほうが適切な場合ももちろんある。それはどんな時か？　まずは自分に問いかけてみてほしい。「部下よりも自分のほうが深い専門知識を持っている領域は何か」「社内で自分が一番詳しい領域は何か」

どんな答えが考えられるだろうか。リーダーはそもそも、リーダーシップや戦略といった領域でイノベーションを起こすのに適しているはずだ。リーダーなら当然、知識を備えているはずの領域と言ってもいい。

マネジメント手法……人を動かす、または人を率いる新たな手法を見いだせるリーダーなら、マネジメント手法でイノベーションを起こせるかもしれない。ゲイリー・ハメルとビル・ブリーンは共著『経営の未来』（日本経済新聞出版社）で、新たなマネジメント手法に関する検討材料を多数提供している。[1] ジュリアン・バーキンショーとマイケル・モルの共著『マネジメントの大きな一歩』（未邦訳）は、この領域における著名なイノベーション事例を網羅している。

戦略とビジネスモデル……リーダーはその立場上、自社のビジネスモデルや戦略について部下よりも深く理解しているものだ。これらの領域で新たな価値を生み出したり、見いだしたりできるリーダーは、イノベーションを起こせるかもしれない。このトピックに関しては、コンスタンチノス・マルキデスの『ルールを一新する戦略』（未邦訳）が大いに参考になるだろう。[2]

過去の職歴を生かしたイノベーションも可能だ。スペインの格安航空会社ブエリング航空で最高執行責任者（COO）を務めるフェルナンド・バルは、同社に加わるまで12年間にわたって空軍に属していた。その時に培った豊富な経験を生かして会社に有益なアイデアを提供し、複雑なロジスティクスの最適化に貢献している。

さまざまな人生経験や職歴を通じて、他者に勝る専門知識を身につけた領域。誰にも負けない豊富な経験を積んできた分野。あるいは、心からの情熱を注げる事柄であれば、リーダー自身がイノベーターになることも可能だ。

イノベーションが生まれる環境作り

ポーランド出身の心理学者クルト・レヴィンは、行動科学の研究初期に社会科学で最も有名な方程式を発明した。

人の行動＝個人の特性×環境

レヴィンの方程式に基づくなら、私たちの行動はどんな時でも、「自分はどんな人間か」「どんな状況に置かれているか」という2つの要因が相互作用した結果として生じることになる。

しかしリーダーシップに関する多くの文献では、この方程式において作用するのは「個人の特性」だけだとされている。事実、組織内に持続的な行動の変化を促そうとする時、多くのチェンジメーカーは人々の「考え方」を変えることに重点を置きがちだ。たとえば『マッキンゼー・

クォータリー』誌のある記事には、行動の変化を可能にするためのカギとして次のようにまとめられている（傍点は筆者による）。

「カギを握るのは、働き方を変えるよう大勢の社員を説得できるかどうかだ。仕事に対する考え方を変えるよう説得できなければ、彼らに変革を促すことはできない。つまりCEOの役割は、社員の物の見方を変えることなのである――これは決してたやすい任務ではない[3]」

本書ではこのようなアプローチを「物の見方を変える手法」と呼んでいる。実は、イノベーションの実現に向けたアドバイスの多くがこの手法を提唱している。この手法では、リーダーの第一の職務は「説得する」ことだ。部下の物の見方や価値観を変えて、発想を転換させるのがリーダーの仕事というわけだ。つまり、イノベーションのためにリーダーが担う責務はコミュニケーションなのであり、リーダーはひたすら部下を説得し、時にはおだてて、イノベーションが必要な理由を説明すればよい、ということになる。

「物の見方」のその先へ

だがレヴィンの方程式を見れば明らかなように、物の見方を変えるだけでは行動は変わらない。革新的な行動が部下に欠けているようなら、リーダーは振り返ってみる必要がある。変えるべきは彼らの物の見方なのか、それともシステムなのか、と。

この問いかけは重要だ。リーダーが部下のイノベーションを促進しようとする場合、「物の見方を変える手法」を採用してしまうことは非常に多い。部下の価値観や考え方、物の見方、信念、つまり個人の特性を変えるのが、彼らの行動を変える最善の方法だと信じているからである。

そのようなリーダーはチームに対して、「既成概念にとらわれるな」と助言する。イノベーションを実現できるかどうかは考え方次第だと言わんばかりだ。だから多くのマネジャーは、部下に自己啓発セミナーを受けさせて彼らを鼓舞し、エネルギーを注入しようとする。あたかも部下たちが、電池の切れたおもちゃのロボットか何かであるかのように。さらには価値観教育を施し、研修プログラムを実施して、大勢の不運な社員をチェンジ・マネジメント・セミナーに送り込み、「変化を恐れるな」と激励する。

だがこうしたアプローチはどれも、人の行動に最も大きな影響を与える、ある重要な要素を見落としている。それは、彼らが働く職場環境だ。

念のために言っておくと、物の見方を変える手法にもメリットはある。うまく導入できれば、短期的にではあっても、この手法によって有益な成果を上げることが可能だ。

けれどもイノベーションの設計者にとっての目標は、1つや2つの素晴らしいアイデアを生むことではない。「体系的かつ持続的に」イノベーションを創出し、職場のDNAに創造性を埋め込むことだ。そのためには、物の見方や考え方を変えるだけでは足りない。自己鍛錬プログラムに参加したり、自己啓発の講演を聞いたり、研修を受けたりしたところで、システムが変わらなければ持続的な変化は起こせない。「体系的に」行動を変える唯一の方法。それは当然ながら、システムを変えることなのである。

「先入観を捨てよう」（をはじめとする無益なアドバイス）

なぜシステムを変えることが重要なのか？　そして、なぜイノベーションが生まれる環境作りが必要なのか？

新たなアイデアに直面した時、私たちはよく「先入観を捨てろ」と言われる。イノベーション関連のセミナーなどでは、とりわけよく耳にする言葉だ。マネジャーなら、先入観を捨てることの重要性は何度となく聞かされてきただろう。

では皆さんは、実際にどのようにして先入観を捨てているだろうか。2日間のブレーンストーム合宿で、「フラットな視点を忘れないでください」という進行係のアドバイスに従ってアイデアを出し合う場面であれば、先入観を捨てるのはさほど難しくない。

だがそれ以外の363日間についてはどうだろう？　水曜日の夕刻、くだらないミーティングが終わらず、電話は鳴り響き、予算計画書はまだ完成せず、義理の両親とのディナーに遅れそうで、コーヒーの最後の一杯を飲んだ同僚がまた新しいコーヒーを淹れ忘れた時ならどうだろう？

だがこういう場面でこそ、私たちは不意に新しいアイデアに遭遇するものなのだ。そうした状況下では、「先入観を捨てろ」「人の話によく耳を傾けろ」といった善意のアドバイスはまったく役に立たない。問題は社員が聞く耳を持たないことではない。耳を傾けるべき時に職場に根づいている強化な「組織の倫理」にとらわれてしまうことなのだ。

組織内のシステムに問題が生じた時、多くのマネジャーは精神力で対応しようとしたり、善意のアドバイスに頼ったりする。だがマネジャーが本当にするべきことは、望ましい行動のための環境作りだ。日々の業務の一環として、マネジャー自身はもちろんすべての社員が新しいアイデアを受け入れ、蓄積し、ふるいに掛けられるよう、適切なシステムとルーチンと習慣とプロセスを設計・構築することが、マネジャーには求められている。

先入観を捨てた状態を常に保つよう、部下を導くのはマネジャーの仕事ではない。そもそも、そのような状態は保てない。むしろ、新しいアイデアには誰もが先入観を持つものだと悟るべきだ。その上で、先入観の克服を可能にする環境を設計するのが、リーダーの仕事なのである。

システムをもってシステムを制す

誰もが新しいアイデアに先入観を抱くのなら、イノベーションの設計者の第一の役割は建築家同様、人々の環境を形作ることによって彼らの行動に「間接的に」影響を及ぼすことだ。

建築家の場合は主に、建物や部屋、照明といった物理的な環境が設計の対象だ。一方、イノベーションの設計者が扱うのは、より包括的な何か、すなわち人々が働く物理的かつ社会的な環境全体となる。この環境を『実践行動経済学』（日経BP社）の著者であるリチャード・セイラーとキャス・サンスティーンは、職場の「選択アーキテクチャー」と呼んでいる。[4] 同書によると職場の「選択アーキテクチャー」とは、働く人々の行動に影響を及ぼすあらゆる外的かつ組織的な要素だ。たとえばシステムや組織体制、プロセスとロケーション、戦略とポリシー、習慣やルーチンなどである。

この「職場環境を設計する手法」では、システムや創造性に対する見方をまず変える必要がある。創造的な人々は概して、システムや体制やルールなど、自由な創造を妨げる要因を苦手とするものだ。特に大企業ではその傾向が著しく、「システムのせいで創造力を発揮できない」と不満をもらしては、会社がまだ若くて官僚的でなかった幸せな時代を懐かしんだりする。

とはいえ、体制の整わないスタートアップの時代に戻れるわけがない。よって、すでに確立された企業に必要なのは、もっと別のイノベーションだ。つまり、創造性が組織のエコシステムの一部となり得るような文化の醸成である。

ただし、システムやプロセスやポリシーをないがしろにしてはいけない。これらの要素に微調整を加えることによって、革新的な行動を積極的に促すものへと設計し直す必要がある。言い換えるなら、システムをもってシステムを制し、チーム内や部門内にイノベーションに適した環境を作るのである。そうすることで、部下がイノベーターらしく行動するのをサポートできる。というわけでその具体的な方法、すなわち本書のコア・モデルを、続くセクションで詳しく紹介していこう。

イノベーションを生み出す「5つの行動＋1」

『自分を見違えるほど変える技術』(阪急コミュニケーションズ)のなかでケリー・パターソンとジョセフ・グレニーらは、行動変革について重要なこととして次の2つを挙げている[5]。

1つは、新たな行動パターンを浸透させる上で、個人の行動を形成するすべてのサブ行動が等しく重要なわけではないということ。サブ行動のなかには、他のサブ行動よりもずっと重要で、変化の因子として注目するべきものがある。もう1つは、それらの重要なサブ行動を特定し、人々にその行動を促す必要があることだ。

たとえば、ブライアン・ワンシンクらが人の食行動について行った調査が示すように、人々に健康的な食生活を促すのは確かに良いことだが、ただ「食生活を改善しましょう」と呼びかけるだけでは、アドバイスが抽象的すぎてまともな成果は期待できない[6]。変化を起こすには、人々に促すべき行動をもっと戦術的に、実践的に定義する必要がある。「牛乳は低脂肪を選びましょう」というような具体的なアドバイスなら、食生活の改善に高い効果を発揮する。新たに身につけるべき行動を明確にできなければ、行動の変化を期待するのは不可能なのである。

日常のイノベーションを追求する時にも、同様のロジックが当てはまる。マネジャーは部下の優れたアイデアの実現を助ける際、彼らにさまざまな行動の変化を促す必要がある。しかしどの行動も等しく重要なわけではない。

そこで私たちは、真に重要な行動を特定し、それらを「日常のイノベーションのための5つの行動＋1」（**図1**）と名づけた。組織内で、社員に促すべき最も重要な行動パターンだ。いずれも本書の屋台骨となるものなので、第1章以降の各章でそれぞれの行動について詳しく説明していきたい。本章の後半では6つの行動と本書のコア・モデルについてざっと紹介し、コア・モデルの構築にあたって実施した調査にも触れていこう。

1．フォーカス

私たちは、イノベーションは自由に何でもできる人の専売特許だと考えがちだ。しかし日常業務においてはそうとは限らない。むしろ組織内で何でも自由にできる人は、業務とは無関係なアイデアに手当たり次第に焦点を当て、結果的にいくつもの小さなサイドプロジェクトを抱えることになり、成果を出せずに終わるものだ。

日々の業務には多くのプレッシャーがつきまとう。プレッシャーと闘いながらイノベーターが成功するには、リーダーから「焦点を絞り込むべき」領域を明確かつ限定的に提示され、組織に

図1　日常のイノベーションのための5つの行動＋1

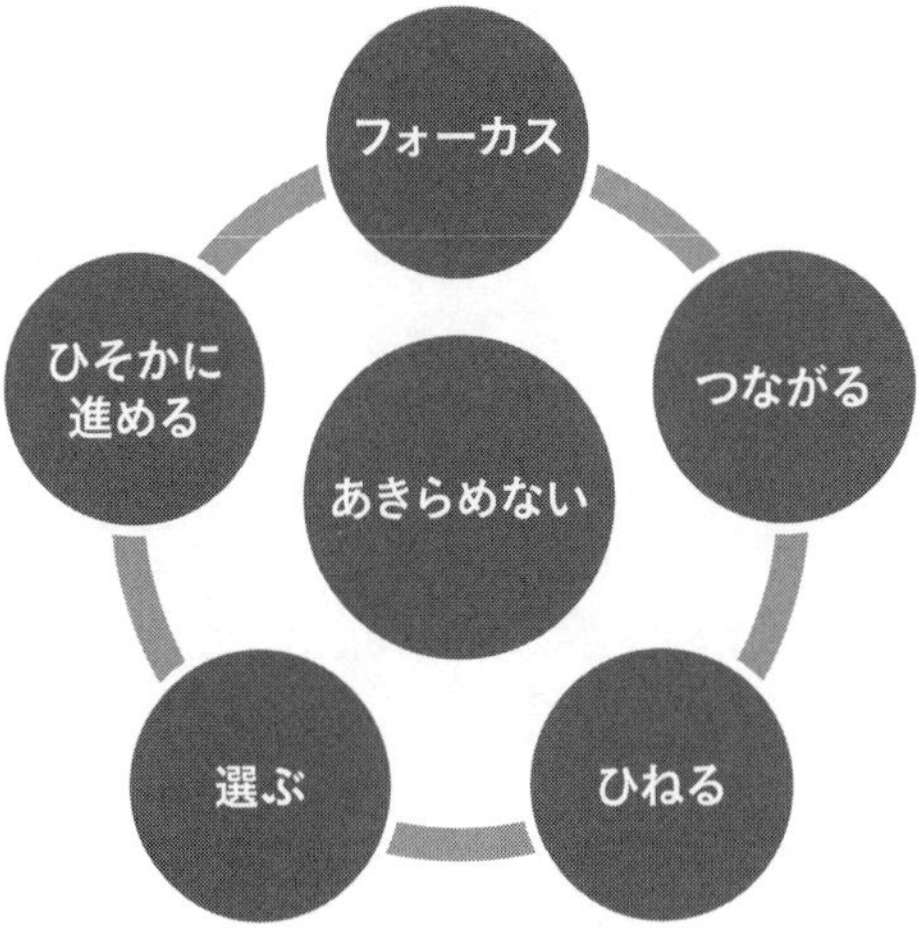

1．ビジネスに直結するアイデアに**フォーカス**

2．独自のアイデアを探すために、**外の世界とつながる**

3．当初のアイデアを見直し、必要に応じて**ひねる**

4．最も優れたアイデアを**選ぶ**。それ以外は捨てる

5．社内政治をかいくぐり、**ひそかに進める**《ステルスストーミング》

＋1．あきらめない

価値をもたらす対象にフォーカスできることが条件となる。つまり日常業務のなかでイノベーションを追求する場合、**フォーカスは自由に勝る**。イノベーションの設計者には、「本当に重要なことにフォーカスできるよう、部下を導く」ことが求められるのである。

この原則を企業のリーダーとして最初に学んだのはマイク・ケンダルだ。とある大企業の経営幹部だが、ここでは社名を明かせないので、仮にニュートロフーズと呼ぼう。(7) ケンダルによる同社欧州部門のイノベーション推進を、われわれは数年間にわたって支援した。当時、ケンダルはスイスを拠点に活動する小規模なリーダーシップチームを率いていた。

欧州各国の支社でイノベーションを推進するためにシステムの改善に着手した当初、ケンダルのチームは各支社のスタッフらに、イノベーションの芽を探す際の具体的なアドバイスを怠った。この失態からチームが得た教訓について、ケンダルの同僚は次のように説明している。

「欧州イノベーション・プロジェクトの初期に、私たちはある教訓を得た。アイデア探しは、組織の戦略的ゴールと結びつけなければならないということだ。『アイデアを出してくれたまえ』とただ呼びかけても意味がない。組織としてフォーカスするべき領域を事前に選んで、明確に示す必要がある。組織が直面している戦略上の問題を示し、そのための解決策を探るよう呼びかけなければならない」

その後、チームはこの教訓を胸に刻みつつ、各国支社でイノベーションの推進に努めた。特に

「会社はどんなイノベーションを求めているか」を社員に詳しく説明し、戦略的に重要だが未開の領域でアイデアを探るよう彼らを導いた。

「新たなアイデアを探るにあたって、自社の製品とその供給方法に焦点を絞り込んだ。とはいえわが社は、単に製品を市場に提供しているわけではない。人々の暮らしを良くすることをビジネスゴールとしている。このゴールを達成するには、顧客と世界中の多くのパートナー企業に対する視野を広く持たなければならない。欧州の支社では、こうした部分での焦点がぼやけがちだった。それどころか、１９８０年代のビジネスモデルが依然として残っていた。

そこで各支社のスタッフには、もっと大局的にビジネスを見つめるようアドバイスした。たとえば、製品以外のところにも目を向けたり、パートナー企業の創造性を生かす方法を考えたりすることを彼らに求めた」

ケンダルとそのチームが新たな領域にフォーカスする戦術を推し進める中、ニュートロフーズの欧州支社は相次ぎ有益なイニシアチブに着手していった。たとえばドイツ支社はパートナー企業と協働し、製品がもたらす社会的メリットの向上に努めた。さらに顧客の生活をより広い視点で見つめ直し、国内の産業エコシステムにおける信頼できるパートナーというニュートロフーズの位置付けを一層明確にした。ドイツのイニシアチブの成功を受け、オランダ支社も同様の活動に着手。その後は欧州およびその他の全27カ国で、同様のイニシアチブが推進された。

こうして、ドイツ・イニシアチブをはじめとする多数の革新的なアイデア（いずれもケンダルとチームが提起した新たな領域に焦点を絞ったもの）により、ニュートロフーズの欧州部門は野心的な成長目標を大きく上回る成果を上げることに成功した。十分な利益も確保でき、「焦点を絞り込んだ日常のイノベーションの追求は、真の成果を生むことができる」と他の部門に示したのである。

ケンダルとチームの業績は経営陣にも高く評価され、チームメンバーの多くはグローバル・シニアマネジャーなどへの昇進を果たした。チームを率いたケンダルも、営利事業のグローバル統括担当者に就任。本書の執筆時点では、焦点を絞り込む戦術を存分に活用しながら、イノベーション・ウイルスを組織全体に拡散させるプロジェクトに邁進している。

第1章では、イノベーションの追求においてなぜフォーカスが大切なのかを探ってみたい。さらに、フォーカスが自由に勝る理由や、部下にイノベーションの追求を促す方法についても考えたい。

2. 外の世界とつながる

イノベーションを促すための2つめの重要行動は、未知の世界と「つながる」ことだ。人は、オフィスに閉じこもったままだったり、業界の誰もが知っているニュース番組や業界誌だけを頼りにしたりしていると、優れたアイデアを得られない。「情報や知見は外からやってくる」からだ。

実際、アイデアの多くは一から新たに発明されたものではなく、カリフォルニア大学のアンドリュー・ハーガドンが「再結合イノベーション」と呼ぶものの一例にすぎない(8)。つまり、**既存の知識を新たな方法で結合させたのがアイデアだ。**

イノベーションはパズルのようなもので、そのピースは世界中に散らばっている。これらのイノベーションの基本要素に部下が触れられるよう、リーダーは彼らが外部の情報源とつながるのをサポートしなければならないのである。企業にとっては既存の顧客もそうした知識の宝庫だが、情報源は顧客だけではない。他部門の同僚とつながることでも、業務とは無関係な分野の誰かとつながることでも、新しいアイデアを見つけることができる。

「つながり」がイノベーションにもたらす効用は、今では広く知られている。われわれが初めて「つながり」によるイノベーションの誕生に遭遇したのは、社内禁煙を導入したばかりのある大手テレビ局でのことだ(9)。そのテレビ局では従来、各部署間のつながりはほとんどなかったのだが、社内禁煙が導入された結果、さまざまな部署の喫煙者が毎日のように集まるようになった。オフィスの外でタバコを吸いながら、意見やアイデアを交換するようになったのである。社内禁煙ルールを施行したことで、同社は思いがけず「創造の場」を作り上げることに成功した。

私たちに話を聞かせてくれた同社スタッフによれば、この創造の場では実際にいくつかの優れたアイデアが誕生したという。ある偶然の交流は、新たなテクノロジーの開発に結びついた。視聴者が携帯電話からテレビ画面に写真をアップロードし、放送中に写真を表示させるテクノロジーだ。この技術はいずれ、業界の新たな収入源として普及するかもしれない。

オープン・イノベーションを推奨する動きが活発化している現在、このテレビ局が図らずも生み出した創造の場は今や、さまざまな業界で意図的に作り出されるようになっている。すでに多くの企業が社員と外界とのつながりを支援しており、優れたアイデア誕生の事例はいくらでも見つけられる。

近年のオープン・イノベーションで特に注目すべき事例をいくつか挙げておこう。まずは、『ゲームの変革者』（日本経済新聞出版社）のなかでA・G・ラフリーとラム・チャランが紹介している、米プロクター・アンド・ギャンブル[10]（P&G）。イノベーションの第一人者IDEOが広く実践している、社員を新しい分野に挑戦させる試み。そしてもちろん、外部のアイデアとテクノロジーを結合させることで、Macやiシリーズといった数々のブレークスルー製品を市場に送り込み、大成功を収めてきたアップル。同社のクリエイティブ・リストに新たに加えられるのはおそらく、ウォルター・アイザックソンの『スティーブ・ジョブズ』（講談社）に登場する象徴的なエピソードだろう[11]。ジョブズはピクサーのオフィス設計時、建物の中心にトイレを設けることで、部署の異なるスタッフ同士が自然とそこで交流できるような環境を作ったのである。

イノベーションの設計者も彼らのように、部下が未知の世界とつながるのを支援しなければならない。第2章では、具体的な支援方法を考えてみよう。

3. アイデアをひねる

生まれたてのアイデアは完全ではない。それどころか欠点だらけだ。従って優れたイノベーションほど、生まれたての状態から最終的に実践されるまでの間に微調整が繰り返されていることが多い。試行と分析を迅速に行って、「ひねり」を加えてあるのだ。[12]

実行段階に持って行く前にアイデアを繰り返し迅速に試行する、いわゆるラピッド・プロトタイピングと呼ばれるこの手法は、イノベーターにとっては欠かせない成功戦略だ。起業家教育の専門家として知られるスティーブン・G・ブランクやIDEOのケリー兄弟といったイノベーターの功績により、今やイノベーションにおけるラピッド・プロトタイピングは当たり前となっている。

だが社内イノベーターの大部分は、この手法に大いにとまどいを感じるだろう。元来引きこもりがちな彼らは仕事上の都合もあり、たいていオフィスの片隅にとどまって、世に出る前のアイデアにひたすら磨きをかけ続けるのが常だからだ。従ってイノベーションの設計者は、彼らが絶えずアイデアを試行したり見直したりするのをサポートしなければならない。そうして彼らに定期的にフィードバックを与えて、迅速に学習、試行する文化を広める必要がある。

アイデアをひねって成功したイノベーターの例として、ある大手複合企業で地域マネジャーを務めるハインリヒ・トレドを紹介しよう。[13]数年前、トレドが中東欧の接着剤事業を統括していた当時の話だ。域内の各国担当マネジャーとの協働関係を生かし、トレドは迅速かつ継続的なアイデアの試行を推進することにした。

たとえばトレドは、各国担当マネジャーが新たな試行に取りかかる際、彼らに書類の提出を求めず、一定の制限を加えつつも、ほぼあらゆるプランを承認した。あるマネジャーは承認プロセスについてこう話している。

「ハインリヒに電話をかけ、業務が順調なことを報告し、具体的な数字を見せた上で、新しいアイデアを試したいと申し出る。そのためにはこれだけの予算が必要だが、半年後には投資を回収する自信があると説明する。するとハインリヒが、〝いいだろう、詳細は追って報告してくれ〟と答えてゴーサインを出すという流れだ」

新たなアイデアをどんどん試すよう後押しされたことで、各国担当マネジャーの間ではトレドに対する忠誠心も高まった。マネジャーの1人はこのように語っている。「彼の下では自由に活動できる。私の国、私の支社という気持ちで仕事に臨める。本社のスタッフに細々と管理されると、無能扱いされた気分になる。ひょっとして、会社の言うことを聞かない連中と思われているんじゃないかと不安になる。でもハインリヒの下なら、そんな心配はいらない」

ただしトレドは各マネジャーに自由な試行を許す一方で、自身と彼らの、あるいはマネジャー間での徹底的なコミュニケーションも怠らなかった。新しいアイデアを試したマネジャーがいれば、すぐに他国のマネジャーに電話で知らせた。またマネジャー間でのフィードバック・ミーティングを定期的に行って、各国のアイデアについて忌憚《きたん》のない意見を交わすことを推奨した。たとえば全マネジャーが3カ月おきに社外で3日間にわたるミーティングを開き、各国支社の問題の解決や、ベストプラクティスの共有、新たな可能性の検討を行うといった具合だ。

こうしたプロセスを通じてトレドは、アイデアとアイデアの相互作用を促すと同時に、マネジャー陣が無謀なアイデアを推し進めるのを未然に防いだ。つまり、自由な行動を奨励しながら軽率なアイデアは除外して、バランスを取ったのである。作戦は成功だった。継続的な試行と定期的なフィードバックというシステムを構築することで、トレドは域内の年間成長率を15％から20％へと引き上げた。さらには接着剤事業部の域内売上高がグローバル売上高に占める割合を、わずか2年で10％から22・7％まで拡大することに成功した。

イノベーションの設計者にも、着実な試行と定期的なフィードバック・ミーティングによって、部下がアイデアをひねり、直ちに実行段階まで進められるよう、サポートすることが求められるのである。

4. アイデアを選ぶ

あらゆるアイデアは、それを生み出した当人にとっては至宝である。しかし現実には、大部分のアイデアは残念ながらただのゴミだ。だからこそ組織はアイデアをふるいに掛け、投資対象になるものと、ゴミ箱行きになるものを選別しなければならない。

けれども実は、アイデアを選別するプロセスそのものにも落とし穴が待ち構えている。われわれの調査でも明らかになったことだが、組織が新しいアイデアを評価する時、単独の評価チームだけに判断を委ねると認知バイアスや構造的バイアスの影響を受けやすくなり、誤った判断を下しがちになるのである。だから組織は、アイデアの選別環境を最適化し、堅固なサポートシステムを構築して、「ゲートキーパー」たる評価チームがより良い判断を下せるよう支援しなければならない。

これについては、米国のある大手自動車部品メーカーの事例が参考になるだろう。マーケティング&コンサルティング会社オーカサイのCEOでアイデア選別のエキスパートであるマーク・トゥレルが、このメーカー向けに新たなコスト削減手法の選定プロジェクトを手がけた際のことだ。トゥレルはまず、メーカーの事業部長と協働して、社内でコスト削減手法のアイデア・コンテストを展開した。そして試みとして、アイデアの評価プロセスを2つのチームに任せた。

その結果、同じアイデアを評価するにしても、チームによってまったく異なるプロセスを経ることが明らかになった。一方の評価チームは、10人時でアイデアの選別作業を終え、優秀なアイデアの実践方法を提案した。評価ミーティングは2回で済ませた。しかし他方のチームは、100人時以上をかけてようやく選別作業を終えた。しかも意外なことに、2チームによる最終的な提案内容のクオリティはほぼ同等だったのである。両者の差異に着目したメーカーの事業部長は、2チームを分析して評価プロセスに何が起こったかを探るよう、部下の1人に指示した。

分析の結果、2チームの最大の違いがリーダーシップであることがわかった。10人時で仕事を終えたチームは、プロジェクト・マネジメントを学んだ目的志向のリーダーが率いていた。彼のリーダーシップの下、チームはまずアイデアをざっとふるいに掛けて、25件の優れたアイデアを迅速に選び出した。それから各アイデアを詳細に検討し、優秀案を20件まで絞り込んだ。そして20件に順位を付けて、上位10件を最優秀案として選んだ。

これに対し、もう一方のチームを率いるリーダーはチームメンバーのコンセンサスを重視していた。また、アイデア発案者の努力に報いるためにも、すべてのアイデアを同じ深度で分析するべきだと考えていた。よってチームメンバーには、全アイデアの詳細な検討や、発案者へのインタビュー、デスクリサーチ、分析結果を共有するための定期的なチームミーティングを行うよう指示した。

以上のことからこのメーカーの事業部長は、より体系的なアイデア選別プロセスを構築し、貴重なノウハウとして部内に浸透させる必要があると結論づけた。ただし効率的な手法だけに頼っていては、長期的なチャンスを見過ごしてしまう恐れもある。というわけで最終的には、2つのアイデア選別プロセスを導入することにした。すぐに成功へと結びつくアイデアを迅速に特定する手法と、未知の可能性を秘めたアイデアをたっぷりと時間をかけて見いだす手法だ。

同社はさらに、スタッフの簡単な適性検査を行い、各手法に適した人材を集めて評価チームを作った。その上で各チームメンバーを対象に、短期の研修プログラムも実施した。こうした努力が実を結び、同社は有望なアイデアを成功へと導く時間を劇的に短縮。一方で、長期的なアイデアが、効率を重視するゲートキーパーによって除外されるのを防ぐことにも成功したのである。

このようなアイデア選別プロセスの最適化は、組織の上層部だけに必要なわけではない。第4章では、あらゆるレベルのマネジャーが活用できる、選別プロセス改善のヒントをご紹介したい。イノベーションの設計者はアイデアを評価する部下のために、意思決定環境も設計しなければならないのである。

5. ひそかに進める《ステルスストーミング》

組織で働く人にとって社内政治はつきものだ。だから好むと好まざるとにかかわらず、イノベーションをひそかに進める「ステルスストーミング」が最後はモノを言う。(14)

イノベーターがアイデアを形にするまでには、話術と社内政治に関する深い知識を駆使しながら、驚くほど多くの時間を関係者《ステークホルダー》との交渉に費やす必要がある。だがさまざまな理由から、多くのイノベーターは社内政治にかかわることを嫌う。優れたアイデアなら受け入れられて当然だと信じてかかっている。このような思い込みは危険だ。優れたプロジェクトが社内政治につぶされた例はいくらでもある。従ってイノベーションの設計者には、イノベーションを追求しやすい社内政治環境を整え、部下のために道を切り開くことも求められる。

そのためにはまず、社内政治を理解しなければならない。権力と同様、政治は負の力とは限らない。上手に利用すれば、政治は物事の前進を後押しし、アイデアが障害を乗り越えるのを助けてくれる。その好例として、製薬大手ファイザーによる「ファイザーワークス」という取り組みをご紹介しよう。[15] ファイザーのニューヨーク本社で人事部マネジャーとして活躍するジョーダン・コーエンが一から開発した、イノベーション・プロジェクトである。


ファイザーワークスの目的はシンプルだ。「単調でつまらない仕事をなくすこと」である。ファイザーでは高給・高学歴社員の多くが、エクセル表のチェックやパワーポイントの修正、データ収集、ごく基本的なインターネット検索といった細々とした仕事に多くの時間を割かれていた。これに気づいたコーエンは米国内外で「リモートアシスタント」のチームを結成し、社員が単調なルーチンワークをアシスタントにアウトソースできる「ファイザーワークス」を導入。同システムにより社員らはコア業務に集中できるようになり、社員自身にとっても会社にとっても、著しく生産性を高められるという仕組みである。

ファイザーワークスは試験導入時から好調で、コーエンの要請を受けてこのシステムを最初に試用した社員らは、その後も継続して利用した。ただしコーエンは、最初から大々的にはシステムを導入しなかった。上層部に正式導入の許可も得ず、どこの部署にも所属せず、予算配分もない状態でのスタートだった。しかしプロジェクトの規模が拡大するにつれ、運営チームや予算の必要性は高まっていった。試験導入期を終える時が来た、8万人の社員のために正式導入に移すべきだと判断したコーエンは、上層部からのサポートを得ることにした。

ここで登場するのが、営業部のシニアマネジャーで、かねてコーエンがメンターとして信頼を寄せてきたデヴィッド・クルーターだ。クルーターはそれまで、コーエンの取り組みを興味深く見守っていた。そしてコーエンがファイザーワークスの真価を示すべき時がやって来ると、その立場を生かして最善策の模索に乗り出した。

「ちょうどそのころ社内では、パートナー企業候補の事業調査を行うことになっていた。そこで、通常なら投資銀行に調査を依頼するところを、今回はファイザーワークスに任せようと考えた。問題は、投資銀行に頼めば莫大なコストがかかるのに、調査プロジェクトのリーダーが反対したことだ。とはいえ、ファイザーワークスに任せればコストはずっと縮小できる。一度試してみるべきだと判断し、投資銀行とファイザーワークスに同時に調査を実施させることに決めた。そうすれば、両者の調査を比較できる。結果的に、実績ある投資銀行と同等のクオリティの調査をファイザーワークスが遂行できることが明らかになった。しかも、ずっと小さなコストで」

この事例に限らず、クルーターはコーエンが組織内の障壁を乗り越えるのを何度となく助け、ファイザーワークスの継続と成功のために道を切り開いていった。同時にクルーターはさまざまな重要アドバイスをコーエンに与え、社内におけるファイザーワークスの位置付けの明確化をサポートし、ファイザー副会長とのミーティングを取りつけ、ファイザーワークスの所属を決める際にも手を貸した。こうしてコーエンの取り組みは利用者が拡大していき、1つのサクセストーリーとして認められ、『ビジネスウィーク』や『ファスト・カンパニー』をはじめとする経済誌に取り上げられるまでになったのである。[16]

ファイザーワークスがコーエンの手柄なのは間違いない。そもそも彼がこの取り組みを思いつき、目的意識を持ったチームを結成して、導入初期からプロジェクトを主導していなければ、のちの成功はあり得なかった。しかしそのコーエンこそが、クルーターのサポートと援護がなければもっと時間がかかっただろうと指摘した。

イノベーションの設計者もクルーターにならい、部下が社内政治をくぐり抜けるのを助け、日常のイノベーションのための5つめの行動「ひそかに進める《ステルスストーミング》」を遂行するのをサポートしなければならない。

6. あきらめない

リーダーなら誰でも、日常のイノベーションのための5つの行動を、部下に一度や二度なら促すことができる。問題は、それらの行動を部下に継続させ、日常業務に浸透させられるかどうかだ。しかも、リーダーがその場にいなくても5つの行動が実践されなければならない。そう考えると、システムや組織構造を変えるだけでは不十分だ。

イノベーションというパズルの最後の1ピースは、「モチベーション」である。部下のモチベーションを上げ、彼らの好奇心や社内の報賞制度を利用して、逆境に遭ってもあきらめずにイノベーションを追求することを促さなければならない。なぜなら、**創造性は選択するもの**だからだ。イノベーションの設計者はイノベーション追求の手法を絶えず改良して、部下が5つの行動を「あきらめずに継続」できるよう努めなければならないのである。

イノベーションの追求を「あきらめなかった」好例として、ニュートロフーズのベルギー支社を紹介しよう。ニュートロフーズ欧州部門のイノベーション推進プロジェクトにも参加した、スタッフ60名を抱える販売営業部門だ。ケンダルが同プロジェクトをスタートしたころ、ニュートロフーズ・ベルギーでは新支社長が着任した。40歳になるマーク・グレンジャーである。

着任当初から、グレンジャーには仕事が山積みだった。かつて高業績を誇ったベルギー支社は、彼が来たころにはさまざまな側面で苦戦を強いられていた。成長も鈍化していた。従業員満足度も史上最低を記録し、スタッフアンケートの結果では、「ニュートロフーズでの仕事はやりがいがある」と答えたのはわずか39%にとどまった。離職率は30%と、国内の業界平均の2倍に達した。病欠者も増え、もともと小規模な同支社では著しい業務負荷がかかることになった。支社内のイノベーションの欠如について分析したグレンジャーは、次のように述べている。

「部下に創造性が欠けているわけではないことは、一目でわかった。多くの部下が、大きな成果を上げられる能力を示してくれていたからだ。従ってイノベーションを妨げているのは、モチベーションではないかと考えられた。ベルギー支社はいかにも『マネジャー主導』のオフィスで、直接指示を受けていないことはまずマネジャーの許可を得てからでないと着手すらできない。

また、複数の業務に優先順位を付けずに『全部やる』のが当たり前で、できないことがあっても『ノー』とは言えない状況だった。だから自分の仕事を自分のものだと思えない。トップダウンの文化が浸透していて、部下は新しいアイデアを出すこともできない。私はそうした文化を変えたいと考えた」

グレンジャーは注目すべき方法を用いた。予定されていたオフィス移転をきっかけに支社内の文化を一新し、個々の社員により多くの裁量を与えたのである。たとえば、新しいオフィスのレイアウトは経営陣ではなく社員に考えさせた。多くの社員は9時5時の決まった勤務形態を嫌ったので、確実に成果を上げることを条件に勤務時間も各自に任せた。

さらにグレンジャーは部下に対し、共にイノベーションを実現させようと呼びかけ、そのためのプロジェクトも経営陣が決めるのではなく、部下が考えることを前提とした。このやり方だと部下は自分で自分の仕事を考えなければならない反面、自分に最もふさわしいプロジェクトを選べる自由がある。プロジェクトの選定に際して、グレンジャーが彼らに出した条件はただ1つ。「ニュートロフーズ・ベルギーをより働きがいのある、より革新的な職場にすることを目的としたプロジェクトであること」だった。

このようなアプローチによってグレンジャーは、部下の関心事や優先事項を重視し、彼らに粘り強い継続を促したのである。結果は上々だった。ちょっとした改善や、小規模だが効果絶大なアイデアの数々を経て、ニュートロフーズ・ベルギーは生まれ変わった。

●離職率は1年で半減。2011年には9％まで改善した。
●従業員満足度は1年で倍増。39％から74％まで持ち直した。
●成長率は飛躍的に向上。1年後にはニュートロフーズ・ベルギーは欧州で最も利益率の高い支社の1つとなった。2011年の売上は、グレンジャー着任時と比較して70％増まで拡大した。
●ベルギー支社に触発された欧州北部の各支社が同様の手法により、優れた成果を上げることに成功した。
●グレンジャー自身も昇進。現在はアジア地域で5000人の部下を率い、イノベーションの設計者としてニュートロフーズの成長を後押ししている。

それだけではない。ニュートロフーズ・ベルギーは外部団体からも功績を認められた。イノベーション推進プロジェクトに着手した際、グレンジャーは国内の経済誌が選ぶ「働きがいのある職場」コンテストに登録した。新オフィス移転の当日、われわれがベルギー支社の経営陣にインタビューを行ったところ、「4年後のコンテスト優勝と、国内最高の職場を目指す」とのコメントを得ることができた。

そうして1年の遅れはあったものの、ニュートロフーズ・ベルギーはこの目標を確かに達成した。5年間かけて順位を着々と上げていき、ついにナンバーワンの座を獲得。素晴らしいイノベーションの旅の、1つのゴールにたどり着いたのである。[17]イノベーションのための特別な予算もない小規模な経営チームにとっては、十分すぎるほどの成果だと言えるだろう。

本書の最終章では、ニュートロフーズ・ベルギーのスタッフに負けない熱意と粘り強さを部下から引き出し、彼らが日常業務のなかで創造的な道を歩めるようにするための、ヒントをご紹介しよう。

なぜ「5つの行動＋1」が重要なのか？

創造性とイノベーションについては数え切れないほどの論文が発表されており、その多くが、革新的な行動のためのモデルを独自に提唱している。[18]
われわれがここで提案する「5つの行動＋1」は、企業マネジャーたちとの広範囲におよぶ経験に基づいて、既存のモデルと過去の調査結果をミックスしたものだ。そのため、「実践」ということをまず念頭に置いている。包括的な理論モデルではなく、イノベーションの重要側面に応用できる戦術的かつ実用的なガイドを策定することを心がけた。

次章以降で明らかにしていくように、「5つの行動＋1」を最も重要な行動として選ぶにあたり、各種のケーススタディや定量・定性データを参考にしたのは言うまでもない。とはいえ一番の選定基準は、**未来のイノベーターが最も道を誤りやすいのはどこか?**である。

また、なるべくシンプルなモデルを目指すことも念頭に置いた。イノベーションは複雑な現象なので、ほんの30秒もあれば、新たに別の重要な行動をモデルに加えることができてしまう。だがわれわれの経験から言うと、そのような複雑なモデルはかえって非生産的だ。未来のイノベーターはイノベーションの実現以外にも多数の仕事を抱えているのだら、モデルはシンプルなほうがよい。そもそも彼らが自力で実践できないモデルでは、活用することもできない。

某企業の経営幹部から聞いた話をご紹介しよう。彼の部下が、有名なイノベーション・コンサルティング会社の主催による、創造性を養うための集中講座に参加した。その際のエピソードを彼はこう語っている。「講座の内容自体は良かったんだが、習得しなければならないツールが20もあったのには閉口させられた。部下をスーパーイノベーターにしたいわけじゃないんだ。たとえば問題の見直し方や、コア業務の軌道修正など、最も有益な2、3のツールを学べれば十分だと思う」

というわけで、われわれも本書のために焦点を当てるべき「5つの行動＋1」を選んだ。ここでは特に、6つの行動のうち「フォーカス」がリーダーにとっても大切であることを明記しておきたい。部下がアイデアを形にするのをサポートする際、あらゆる行動を完璧に実践できるよう彼らに強いる必要はない。イノベーションの端緒も見えない職場環境なら話は別だが、スタッフはたいてい何らかのアイデアを形にしようとすでに努めているものだ。実現を妨げているのは、システムなのである。

皆さんにはわれわれの提唱する「5つの行動＋1」を診断ツールとして、まずは組織内の現状を見直してみてほしい。そうして、イノベーション実現の障壁となっている行動を特定し、その修正に焦点を絞り込んでほしい。イノベーションのプロセスは、もつれたホースのようなものだ。もつれた場所を見つけてまっすぐに直せば、水は難なく流れ出す。

イノベーション・エコシステム

「5つの行動」はいつ、どこで起こるのだろうか。

創造性に関する過去の調査では、イノベーションのプロセスは段階的に個々のステップを踏むものだと規定されることが多かった。たとえばグレアム・ウォーラスが1926年に提唱したモデルは、「準備」の段階から「孵化《ふか》」を経て、「解明」「検証」に至るプロセスだと定義している。[19]しかし「まずAを行い、続けてBに進む」というような連続的な見方は、イノベーションの現場で実際に見られる行動を正しくモデル化していないことがその後明らかになっている。[20]

現実には、個々の行動はプロセス全体を通して繰り返し見られる。イノベーターが「フォーカスして」「外の世界とつながり」「アイデアをひねり」「アイデアを選び」「ひそかに進める」という5つの「レンズ」をとっかえひっかえしながら、プロセスを進んでいく。従ってイノベーションの設計者たるリーダーの課題は、これら5つの行動が補完し合いながら連続的かつ反復的に行われるような「イノベーション・エコシステム」を構築することだと言える。

巨人から学ぶ

われわれは研究者だが、有名な科学誌に研究成果を寄稿したりはしていない。2人とも現場からじかにエネルギーをもらうタイプで、コーチとして、あるいは雑用係や見習いやインストラクターとして企業で働いた経験は、2人合わせると40年以上におよぶ。経営陣のいわばセラピスト役を長期にわたり務めたことも何度かある。

言ってみれば「象牙の塔」の1階に住んでいるようなものだ。地面に近いそこからならば、マネジメントの現実をつぶさに見つつ、全体像を見渡せる。そういう立場にあっても、自分たちに本が書けるとは想像すらしなかった。そんなわれわれが本書を通じて企業マネジャーのサポートをしたいと考えたのも、イノベーションの何たるかを理解するために、大勢の人々が莫大な投資をしている現状を目の当たりにしたからだ。

本書のアドバイスはいずれも、さまざまな領域で活躍する新旧の「巨人」たちから学んだものだ。その中枢を成すのが、イノベーションと創造性という2つの領域で得た知識である。1950年代以降にこれらの領域において発表された論文の数は、創造性をテーマにしたものだけでも5万件以上に上る。われわれがこの分野の専門家としてこうして活動できるのも、イノベーションの「空白」を埋めることにキャリアを捧げた数多の研究者や学者のおかげである。

本書では各章で出典を明らかにしているが、皆さんへのアドバイスの数々は、特に次の方々の見識に負うところが大きい。クレイトン・クリステンセン、テレサ・アマビール、マイケル・タッシュマン、ビジャイ・ゴビンダラジャンとクリス・トリンブル、ゲイリー・ハメル、ミハイ・チクセントミハイとヤコブ・ゲッツェルス、アンドリュー・ハーガドン、ロバート・G・クーパー、マイケル・マムフォード、ロバート・I・サットン、ロバート・スタンバーグ、R・キース・ソーヤーとディーン・キース・シモントン。また、IDEOやイノサイト、プレハイプ、ヴィヴァルディ・パートナーズといった新興企業の功績も参考になった。

イノベーションのほかにも、われわれのアイデア形成に非常に役立った分野が2つある。1つめは、イノベーションとも密接なつながりのある「アントレプレナーシップ」だ。この分野の研究を通じ、起業の現実に関する重要な知見を得ることができた。特にスティーブン・G・ブランクからは多くを学んだ。サラス・サラスワティと、エフェクチュエーション（実現）に関する彼女のリサーチも忘れてはならない。

2つめは急速に発展を遂げつつある「行動学的研究」だ。この分野では多くの研究者や実践者、世界的に有名な学者に学ぶところがあった。ダニエル・カーネマンとエイモス・トベルスキーの提唱した意思決定バイアス。チップ・ハースとダン・ハースによる行動変容に関する研究。食習慣に関するブライアン・ワンシンクの考察。パコ・アンダーヒルの購買行動に関する研究。アンディ・クラークとデイヴィッド・チャーマーズが拡大した「意識」の概念。「システムの威力」に関するフィリップ・ジンバルドの論考など、具体例を挙げればきりがない。

とりわけ、リチャード・セイラーとキャス・サンスティーンには大きな感銘を受けた。イノベーションの設計者に関するわれわれのアイデアを形にし、さらに研ぎ澄ます上で、「ナッジ」および「選択アーキテクチャー」に関する彼らの明快な分析は非常に役に立った。巻末の「参考文献」では、本書の基盤を作り、主原料を提供してくれた著者やオピニオンリーダーによる文献を紹介している。


もちろんこの巨大な仕事を成し遂げるにあたっては、イノベーションに関する著者なりの視点も加えた。ビジネスの現場で日々闘うマネジャーにとって最も基本的な、欠くべからざる教訓を読者に提供するよう心がけたつもりだ。これらの視点を形成したのが、研究者、講師、コンサルタント、起業家としてのわれわれの経験だ。

特に、IESEビジネススクールでの仕事を通じて培った知見はその基礎となっている。企業の経営幹部の方々とは、新たな成長要因の創生について話す機会を得た。中間管理職の皆さんとは、イノベーションの追求から、具体的なプロジェクト策定までの道のりについて話すことができた。一般社員の方々からは、イノベーション・プロジェクトへの参加姿勢や、リーダーの考え方次第で時に異なる対処が求められることなどを教えていただいた。実際のイノベーション・プロジェクトを、場合によっては数年がかりで追跡することもあった。その過程では、蜜月を過ぎた後、プロジェクトの提唱者たる当のマネジャーが隣のもっと青い芝生へと移ってしまう事例も目撃した。

なお、本書の研究対象となった企業の拠点は、米国、欧州、中米、アジア、アフリカと多岐にわたる。業界や業種もさまざまで、航空、金融、ウェブ関連のスタートアップ企業、ラジオ／テレビ局、医薬、ファッション、贅沢品、石油化学、通信、消費財、電子機器、小売、医療機器、スポーツアパレル、自動車製造、大手複合企業などを網羅している。われわれ自身がイノベーションを追求する機会も得た。たとえばウェデル＝ウェデルスボルグはニューヨークで起業プロジェクトに参加し、スタートアップ2社を設立した（いずれもまだ存続している）。

次章からは、こうしてわれわれが得た具体的な知見の1つひとつを深く掘り下げてみたい。まずは日常のイノベーションのための第一の重要行動、「フォーカス」について考えてみよう。

第1章　フォーカス

[真に重要なことに焦点を絞るには？]

たいていの人は、イノベーションには自由が大切だと考える。一切の制約なしに新しいアイデアを自由に追求できる、場所と機会を部下に与える。

しかし日常業務の一環としてイノベーションを起こしたいのなら、むしろ積極的に制約を与えて部下を導き、真に重要な事柄に集中できるよう彼らをサポートするほうが、大きな成果を上げられる。イノベーションの設計者はこのように部下を導くことで、第一の重要行動「フォーカス」を彼らに実践させることができる。

「フォーカス」が救った工場閉鎖の危機

ここでは、スイスの医薬受託製造会社ロンザのフェリックス・プレビドリが、「フォーカス」の威力を目の当たりにした事例をご紹介しよう。ライフサイエンス産業への製品提供などを行っているロンザは8300人の従業員を擁し、欧州、米国およびアジアに28の生産拠点を有している。2011年にはおよそ30億ドルの売上高を達成した。

同社では以前から社員の自由な発想を大切にしており、マネジャー陣も提案箱の設置やオンラインフォーラムの実施、ワークショップの開催といったさまざまな方法で、部下からアイデアを募っていた。「アイデアにダメなものなどない」をモットーに、同社は多くの企業同様、社員の創造性に制約を設けず、彼らを主導せず、どんな提案にも耳を傾けた。規模の大小も、実現の可能性も、実用性も問わず、ありとあらゆる提案を収集して、全社をまたがるアイデアのデータベースにため込んだ。

大量の「ただの思いつき」に価値はあるのか

このような状況が何年も続いたころ、化学工学博士として同社に長年勤務してきたプレビドリがR&D部門のリーダーに就任。ある部署に向けた新規事業開発を手がけることになった。イノベーションの設計者として、プレビドリは手始めに社内のアイデア・パイプラインを確認することにした。そしてすぐに、既存のパイプラインに不具合を発見した。スタッフからのアイデアの吸い上げは確かに行われている。ただし、そのほとんどが活用されていなかった。プレビドリは当時について次のように語っている。

「会社のアイデア・データベースには数百件ものアイデアが蓄積されていた。新製品のアイデアから、ちょっとしたプロセス改善案、ルーチンワークの自動化案まで、ありとあらゆる提案が詰まっていた。ところが大部分のアイデアは何年間もデータベースに蓄えられたまま、ほとんどフォローされていない。いわばアイデアのブラックホールだ。社内の人間も、そんな現状に気づき始めていたと思う」

原因を調べたプレビドリは、問題の一端がマネジメント体制にあることを突き止めた。「収集後」のアイデアをどうするか、誰も考えていなかったのである。集めたアイデアをどのように評価するか。アイデア評価のスキルを持っているのは誰か。優秀なアイデアを実行するためのリソースを社内のどこから捻出するか。いずれも不明なままだった。現状打破に向けてプレビドリはまず、アイデアの創出から実行までの全プロセスをサポートするシステムを構築することにした。

だがその過程で彼は、問題はマネジメントだけではないのだと気づいた。「無関連な大量のアイデア」がスタッフから上がってくる点もまた、看過できない問題だった。「すべてを受け入れる」ロンザの企業文化が、ただの思いつきのアイデアの大量創出を引き起こしていたのだ。しかしその程度のアイデアでは、ロンザに大きな違いをもたらし得ない。

早速プレビドリは別のアプローチを試すことにした。思いついたアイデアを何でもいいから提案させるのではなく、アイデアを探す領域を絞り込み、「会社が求めるアイデア」という制約を付けた上で提案を呼びかけるのである。

「アイデア募集。ただし以下の条件に合致するものに限る」

チャンスはすぐに到来した。ロンザの製品の1つ――製品名は機密のため明かせないので、ここでは「チアミン」としておこう――が激しい価格競争に直面していた。チアミンは製造・販売を開始してすでに数十年が経ち、大きな利益を上げていたが、人件費の安い外資の市場参入により売上が縮小していた。そのためプレビドリの部署は、チアミン生産工場の閉鎖を余儀なくされていた。閉鎖を回避するには、コストの抜本的な引き下げ方法を考えるしかない。プレビドリは他部署のリーダーと協働し、「アイデア募集」と全社員に呼びかけた。「ただし以下の条件に合致するものに限る」と制約を付けて。

- チアミン生産プロセスを改善するためのアイデアであること。
- 30％以上のコスト削減を達成できること。

しっかりと焦点を絞り込んだプレビドリのアプローチは、直ちに効果を発揮した。明確な方向性と具体的な目標を提示された社員は早速、新たなチャレンジに取りかかった。数週間後には、プレビドリ率いるチームはコスト削減に向けた実行可能な4つのアイデアを目の前にしていた。チームはすみやかにこれらのアイデアをテストし、中でも最も見込みのありそうな案を

1つの生産工場に試験導入した。結果は期待を大いに上回った。プロセスの徹底的な簡便化によって生産性を100倍に拡大しつつ、製造原価の75%削減を実現したのである。工場は閉鎖を免れ、株主は数百万ドル規模のコスト削減を歓迎した。

「自由なイノベーション」には目に見えないコストがある

チアミンのエピソードからは、「フォーカス」が持つ威力のほどがよくわかる。ここではリーダーがイノベーションの設計者となり、イノベーション追求のプロセスで部下を導いて、彼らに明確かつ限定的な目標を示している。このエピソードからはまた、「自由なイノベーション」というアプローチの驚くべき脆さもよくわかる。チアミンの話を聞いて普通の人は、「むしろ、コスト削減策をもっと早く思いつかなかったのが不思議だ」と首をかしげるのではないだろうか。ロンザには多くの科学者やエンジニアがいるのに、なぜこのチャンスに気づけなかったのかと。

チアミンは新製品ではない。プレビドリが事業にかかわるようになった時点で製品化からすでに20年以上が経過し、旧式でコストのかかる生産プロセスに頼っていた。言い換えるなら、ロンザは20年以上にわたり社員に自由なイノベーションの機会を与えながら、売上拡大に直接つながり得る、大幅なコスト削減案の追求に失敗し続けてきたのである。しかも最終的なコスト削減策は、斬新なアイデア創出プロセスによって生まれたわけでもない。20年の間、ロンザの社員がコスト削減策を特定するチャンスを妨げるものは文字どおり1つとしてなかった。

唯一の障壁は、明確な戦略を持ったリーダーの欠如だった。イノベーションにおいて「フォーカスは自由に勝る」ことを正しく理解し、達成すべき目標を部下にはっきりと示せるリーダーの不在が、問題の解決を妨げていたのである。

最大の障壁は、ぼやけた焦点

明確な方向性がイノベーションの実現を助けることは、実はかなり前から知られている。米国の心理学者J・P・ギルフォードが1950年の講演で非公式発表した創造性に関する研究以後、創造プロセスの研究成果は何度となく、「オリジナリティあふれる優れたアイデアは、完璧な自由を与えるよりも、ある種の制約を設けたほうが生まれやすい」ことを明らかにしてきた。

ビジネスの現場における創造性に限ってみても、ハーバード・ビジネススクールのテレサ・アマビールをはじめとする学者らが経験から得た数多の証拠を示しているように、イノベーションにおいては明快な目標を設けることでより望ましい結果が得られることが多い[1]。だがこれらの認識は、果たしてどれだけ現実に生かされているのだろうか。

われわれの経験とさまざまなデータから、「あまり生かされていない」と答えることができる。仏コンサルティング大手キャップジェミニのコーエン・クロックギーターース、フリーク・デュッペンと共にわれわれが実施した2011年の調査によれば、イノベーション実現の最大の障壁は、「新たなアイデアの探索における方向性の欠如」だ。(2)

この調査では特に、「イノベーション戦略」の有無に注目した。イノベーションの推進を担当する世界各国の260人の企業幹部、つまり最高イノベーション責任者（CIO）やイノベーション・マネジャーといった役職に就いている人々が、「イノベーションの重要性を会社が認識していない」と指摘している。具体的なイノベーション戦略を設けているという企業は、調査対象のわずか42％にとどまった。それだけではない。「貴社のイノベーション力を抑止している、最大の原因は何だと思いますか」との問いに対して最も多かった回答は、「明確なイノベーション戦略の欠如」だったのである。

アンケート結果――イノベーション戦略の内容

企業（あるいは企業のCIO）の多くは経営指針の1つとして、「イノベーション戦略の策定」という活動を掲げている。しかし多くの企業でこの活動は、幼年期とは言わないまでも思春期にあるのが実状だ。イノベーション戦略とは何か、統一的枠組みも、同意済みの定義も、現時点では存在しないのである。(3)

こうしたことからキャップジェミニとの調査では、各社のイノベーション戦略の内容を具体的に教えてもらうことにした。以下の一覧を見ればわかるように、調査対象企業で具体的なイノベーション目標を設けているのは半数に満たない。イノベーション実現に向けて外部とパートナーシップを結んでいるのは10社に4社だ。また5社に1社は、イノベーション戦略とビジネス戦略の連携方法すら定めていない。なお一覧中、カッコ内に記したのは「イノベーション戦略に以下の項目が含まれている」と回答した企業の割合である。

- **ビジネス戦略との連携（80％）**……イノベーションの追求が、企業の価値創造を後押ししているか？
- **テクノロジー（64％）**……どのテクノロジーに焦点を当てているか？
- **マーケット（62％）**……どのマーケットでイノベーションを追求しているか？ ターゲット・セグメントは定めているか？
- **イノベーション文化（58％）**……イノベーションの領域で、どのような企業文化の醸成を目指しているか？
- **イノベーション・プロセス（55％）**……どのようなシステム／組織体制がイノベーションを後押しするか？
- **社員の能力（47％）**……社員が養うべきイノベーションのスキルや能力は何か？
- **目標（44％）**……イノベーションを通じて具体的にどのような目標を達成するのか？
- **パートナー（40％）**……誰とどのようにパートナーシップを結ぶべきか？

対象をイノベーション責任者から一般社員やマネジャーに広げた調査でも、同様の結果が出ている。たとえば世界各国の1360人のマネジャーを対象にジェイ・ジャムログ、マーク・ヴィッカーズ、ドナ・ベアが行った調査では、イノベーションの障壁として2番目に大きいものが「正式な戦略の欠如」、3番目に大きいものが「明確な目標/優先順位の欠如」との結果が示されている。(4)

イノベーションの目標と優先順位と戦略は、もちろん別々の問題だ。しかしこれらには共通点がある。「どこに焦点を絞り込めばいいか?」という部下の疑問への答えを提示してくれる点だ。この観点に立つと、「先入観を捨てよ」というアドバイス以上にマネジャーが部下に伝えるべき重要ポイントが見えてくる。つまりマネジャーは部下に、進むべき方向性と、達成すべきゴールを伝えなければならないのである。

自由の何が問題なのか?

「フォーカス」が「自由」よりも望ましい成果を生むのはなぜなのか? この点を理解するには、部下が直面している日常の現実に目を向けて、彼らの行動をミクロレベルで見る――つまり、彼らの立場になって考える必要がある。彼らは平均的な1日の間に、次に何をするべきか数百もの小さな判断を下す。その際、入念に検討することもあるが、大半は反射的に決めている。日常業務をいつもの道筋でこなすのは、おおむね簡単だ。

だがもしも上司から、具体的な説明もないままに「イノベーションを起こせ」と命じられたら？　いつもの道筋を離れて未踏の領域へと足を踏み入れた途端、彼らは幾通りもの選択肢に直面することになる。たとえばこんな具合に。目指すべき方向は？　入ってはいけない領域は？　ビジネスと直結しないアイデアを追求してもいいのか？　望まれる成果はどんなものか？　社内の問題解決にあたるべきか、新製品を考案するべきか、コスト削減が求められているのか、マーケティングプランの見直しが必要なのか、小さな問題の解決に努めればいいのか、大きなゴールに臨むべきなのか、それとももっと別の何かを求められているのか？　そもそも、いつ始めればいいのか——今日か、明日か、それとも来月か？

このように未来のイノベーターは驚くほど大量の選択肢を突きつけられるわけだが、選択のプロセスには3つの落とし穴が待ち構えている。

1つめは意思決定に関する著書のなかでバリー・シュワルツが「選択肢の矛盾」と名づけた、選択肢が多いために判断が鈍るという落とし穴だ。[5] 選択肢が多くてどこから手をつけてどこに向かえばいいのかがわからないと、人は立ち往生してしまう場合がある。そうかと思えば、たとえばいつものやり方を踏襲するといった、より現実的な選択をしてしまう場合もある。2つめは、方向性の欠如のために人々がてんでばらばらのゴールを目指してしまい、成功を勝ち取れないという落とし穴。3つめの落とし穴は、上司の指示どおりに行動した部下が大胆なイノベーションを追求するも、それは会社にとって何の価値ももたらさない領域だった、という落とし穴だ。

実践に値するアイデアを集める

「イノベーションは自由から生まれる」をモットーとする企業が、どれだけ道を誤ってきたか。その証拠の1つに、多くの企業が展開する「アイデア・コンテスト」がある。部下の創造性を引き出そうとする時、新人イノベーション責任者は彼らからただアイデアを募っては、ひたすら最高の結果を待ちつつ、頼むから会社的にあり得ないアイデアだけは出さないでくれよと祈るものだ。だがたいてい「あり得ない」アイデアが出てくる。

創造性に関する多くの研究者が指摘するように、問題が明確かつ具体的に指摘されていないと、人はオリジナリティあふれる魅力的なアイデアを思いつけないからだ。[6] 新しいアイデアは出てくるかもしれないが、不満すれすれだったり(「給与の引き上げ案」など)、極めて平凡だったり(「社食にベジタリアン・メニューを増やす」)、面倒を排除するためだったり(「ミーティングをなくそう」)、非現実的なたわ言だったり(「製品価格は顧客に決めさせよう」)、暴走気味だったり(「幹部の給与引き下げ案」)する。[7]

マネジャーは仕方なくすぐに成果が出そうな提案を試してみるが、ほとんどはアイデアを導入したただけで終わってしまう。理由は、評価しにくいアイデアだから、本格的に実践しても会社にメリットがないアイデアだから、などさまざまだ。にもかかわらず、皮肉なことに会社はアイデア・コンテストに高評価を与える。コンテストを通じて、多数のアイデアが提案されたという事実があるからだ（「先日行われたイノベーション・コンテストを通じ、何と350件ものアイデアが生まれました！　コンテストは大成功です！」）

すぐに成果が出そうな案を試すこと自体は悪くない。小さなアイデアを即座に導入することで、アイデアを出すことの重要性を部下に示せるからだ。しかしこのアプローチには、ある重要なポイントが欠けている。ロンザのエピソードにもある、視点の変化だ。大切なのは、集めたアイデアを実践することではない。実践に値するアイデアを確実に集めることだ。

イノベーションの設計者は、イノベーションの戦略目標を明確にし、それを部下と共有することによって初めて、彼らに真のイノベーション追求を促せるようになる。イノベーションの追求を部下に求める際に、方向性の明示が必要なゆえんだ。

目標が何であるかによって、方向性の伝え方や、部下に与える自主性の度合いは異なってくる。全社的な戦略目標のこともあれば、ある領域に特化した目標のことも、チームメンバーが達成すべきゴールのこともあるだろう。だが基本的には、事前に目標を示し、部下がそれを追求しやすい形で共有することによって、リーダーは「意思決定のための環境」を提供できる。そのような環境が部下を導いて、エネルギーを注ぐべき領域を正しく判断することを可能にするのである。

自由を与えたほうがいいケースとは？

自由は絶対悪なわけではない。完璧な自由を部下に与えることで、真に個性的なアイデアをまったく思いがけない角度から見つけるチャンスが増す場合もある。しかし自由を得た部下が、会社に（適切なタイミングで）価値をもたらさないアイデアに無駄なエネルギーを注いでしまう可能性も劇的に増す（前述したように、大部分のアイデアはただのゴミだ）。

われわれの経験から言って、これらのメリットとデメリットを相殺するのは難しい。イノベーションにおいては、たいてい短期間で成果を上げることが求められるからだ。従って完璧な自由を与えるのは、R&Dなどのハイリスク・ハイリターンなプロジェクトも可能な現場により適したアプローチだと言える。

また、ほとんど解明されていない新たな領域でも、自由を与えるのが有効な場合がある。たとえば新しいテクノロジーを開発するのであれば、最も大きな価値がどこに潜んでいるのか、リーダーには特定できないかもしれない。このようなケースでは、焦点を絞り込むべき対象を現場のスタッフに決めさせるほうが理にかなっている。

さらに、「焦点を絞り込む」と言っても、その対象は必ずしも1つである必要はない。複数のチームにそれぞれ異なる対象を提示して「イノベーション・ポートフォリオ」を作成することにより、リスクを分散させ、成功の可能性を高めることが可能だ。その1つの方法として、部下自身に対象領域を決める自由を与えることもできる。あるいは、事業別や市場別にハイリスクな対象とローリスクな対象を取り混ぜて、各チームのイノベーション・プロジェクトに多彩さを持たせてもいいだろう（詳しくは、「イノベーション・ポートフォリオ」[8]に関する各種の文献を参照）。

焦点を絞り込む3つのアプローチ

ここからは、部下のイノベーション追求をいかにしてサポートするかを考えてみよう。イノベーションにおける部下へのサポートは、イノベーション戦略の策定、ゲームプランの策定、目標の明示（例、ロンザのエピソード）など会社によって呼び名がまちまちだ。しかし大切なのは呼び名ではない。そのサポート手法によって、部下がより良い判断を下せるかどうかだ。ポイントとなるのは、次の3項目である。

1．目標を明らかにする――何を達成しなければならないのか？

2．制約を明らかにする――どこまで追求すればいいのか？

3．追求領域を見直す――どの領域に目を向けるべきか？

1. 目標を明らかにする

このアプローチでの最も基本的な疑問はおそらく、「部下にどんな成果を上げてほしいのか?」だろう。本書の定義するイノベーション（昨日までとは違う行動によって、成果を生むこと）に基づけば、未来のイノベーターはまず、何が望ましい成果なのかを明確に知っておく必要がある。

そのためには未来のイノベーターの立場になり、会社にとって特に価値のある成果は何かを考えてみるといいだろう。従業員満足度を改善するためのアイデアや、CO_2排出量の削減案を持っているとして、果たしてそれを追求する価値があるかどうか。コスト削減プロジェクトや、シェア拡大案や、もっと別のアイデアを考えたほうがいいのではないか。どのような成果を上げれば、そのアイデアは魅力的だと言えるのか。3%のコスト削減が可能なプロジェクトは、率先して取りかかるほどの価値があるのか。それとも、より大幅な削減率を掲げなければ意味はないのか。

ロンザのケースでは、プレビドリは極めて明確に目標を示している。彼はスタッフに、30%以上のコスト削減を達成できるアイデアを求めた。この目標を達成できなければ、チアミン事業が競争の激化により閉鎖を余儀なくされるからだ。ニュートロフーズのベルギー支社のケース（序章）でも、マネジメント・チームは目標をはっきりと定めている。4年以内にニュートロフーズを国内最高の職場にすることだ。この目標自体もとても価値があるが、離職率（重要なコスト要因の1つ）の改善や事業の成功に寄与している点も重視するべきだろう。

皆さんのケースでは、目標は状況によって異なってくる。従って、戦略的な状況をしっかりと踏まえた上で目標を定める必要がある。イノベーションの目標例をまとめるので、参考にしてみてほしい。

- 月次売上目標を達成する
- 主力市場でシェアを拡大する
- 競争力の向上に向けてコストを削減する
- 既存顧客の維持率を改善する
- 主力社員の離職率を引き下げる
- 会社としてのブランド力を向上させ、より良い人材を集める
- 商品化までの時間を短縮する
- 国外市場の規制上の障害を回避する
- 特定サプライヤーへの依存度を縮小する
- 事業の売却に備えて、革新的な企業という位置付けを確立する
- 社内のプロセスを簡便化して、柔軟性を高める
- 参入すべき新たな市場または隣接市場を発見する
- 重要な問題に対する顧客の意識を高める
- 広報活動上の危機に対処する

- 製造品質を改善する
- 製品の安全性を高める
- 活用されていない既存のリソースを有効利用する
- 主力市場で新規参入者による脅威から身を守る

適切な目標に対する合意を得るのは、話し合いに他者が加わった途端にずっと難しくなる。本章を書き終える1週間前のことだ。われわれはキエフに数日間滞在し、従業員数1000人ほどの企業のマネジャー陣と共に同社向けのイノベーション推進計画を練っていた。4人のロシア人マネジャーはイノベーションの推進に非常に積極的で、時間をかけて入念に検討した向こう4カ月間の行動計画を見せてくれた。

ところが肝心の目標となると、話し合いは紛糾するばかりだった。最終的にどこを目指すべきか、目標達成時には会社にどんなメリットがもたらされるのか、話し合いは中々まとまらない。4人の考える会社にとっての最重要目標が、それぞれ異なるのが原因だった。その後も困難な協議を経て、4人はようやく互いの意見をすり合わせることができた。

「望ましい成果」に関して明快な共通認識が（まずはリーダーのレベルで、次にスタッフの間で）形成されなければ、せっかくのイノベーション活動も十分なインパクトをもたらすことはできない。イノベーションの設計者は、イノベーションの目標を明確化し、それを広く社内に伝えなければならないのである。

▼焦点の絞り込みは、社内のどのレベルで行うべきか？

イノベーションの焦点は、社内の何らかのレベルで絞り込まなければならないが、社内の「あらゆる」レベルで絞り込む必要はない。あるクライアント企業では地域リーダー・チームが、追求するべきイノベーション領域を各国マネジャーに決めさせていた。しかも地域リーダーから各国マネジャーへの要求は、イノベーション・プロジェクトがいつまでに、どの程度の成果を上げればいいかという点だけだった。

地域リーダーが明確に焦点を絞り込む代わりに、ビジネスゴールと戦略的見通しの変化を各国マネジャーに正しく伝えるというやり方だ。この手法だと、各国マネジャーが自国市場で焦点を絞り込むべき領域を正しく判断できる。同社は各国マネジャーに自由を与えることで、それぞれの国の状況にふさわしい、しかも会社の優先順位に沿ったイノベーション・プロジェクトの選択を実現したのである。

社内のどのレベルで焦点の絞り込みを行うべきか、明確な決まりはない。極めて不透明な市場や、地域ごとの違いが大きい市場であれば、低いレベルに決定権を委ねるほうが理にかなっている。協働やコラボレーションによる大きな効果が期待できる、あるいは極めて明確なグローバル戦略があるといった状況なら、より高いレベルに決定を任せるのが適切だろう。

2. 制約を明らかにする

イノベーションの追求においては、明確な目標だけではなく、ある程度の制約も必要だ。イノベーション・プロセスは、森のなかに新たな道を発見するようなものだ。目標があれば、どこに向かえばいいのかがだいたいわかる。そして制約があれば、どうやってそこに向かえばいいのかがわかる――どのルートを取り、どの落とし穴を避け、誰に助言を求めればいいかがおのずとわかるはずだ。

ここでは、決まった枠組みは提示しないでおきたい。あらゆるレベルと状況に適用できる万能の枠組みを定義するのは不可能だからだ。その代わりに実用性を考えて、未来のイノベーターが直面する典型的な疑問を上げてみたい。これらの疑問に、皆さんの部下は明快に答えられるだろうか。まずは皆さん自身で、ビジネスゴールに沿った正しい（あるいは間違った）答えがあるかどうかを考えてみてほしい。答えがある場合、皆さんの部下もその答えを認識しているかどうかがポイントである。

● イノベーション・プロジェクトの「納期」は？ 成果はいつまでに上げればいいのか。たとえば、1年半も成果を上げられないアイデアを追求し続けてもいいのか。「納期」が決まっていないアイデアを追求してもいいのか。

- **焦点を当てるべきステークホルダーは？**　焦点は既存顧客だけに当てればいいのか、それとも潜在顧客にも目を向けるべきなのか。社員や提携企業となると、範囲を広げすぎか。
- **避けるべき領域は？**　会社にとって戦略的にふさわしくない領域はあるか。法的または倫理的なグレーゾーンに会社が足を踏み入れないよう、避けるべき領域はあるか。絶対に近寄るべきではない、地雷原はあるか。
- **既存の製品やサービスに近い分野でアイデアを出すべきか？**　会社が属していない業界や領域でもアイデアを探していいのか。近接する業界や領域ではどうか。既存事業との共食い《カニバリゼーション》の恐れがあるアイデアはどうか。
- **不確実な部分のあるプロジェクトでもよいか？**　アイデアの可能性を定量的に示せない場合はどうすればいいか。「きっと何かがある」という強い確信しかない場合でも、そのアイデアを追求していいのか。それとも、期待される成果を確実に示せるアイデアだけを選ぶべきか。
- **リスクはどの程度まで許容されるか？**　ローリスク、ハイリターンな安全なプロジェクトを優先するべきか。リスクとリターンの関係はどのように測るべきか。上層部に知らせずにどこまで判断を下していいか。上層部の承認はどの段階で必要になるか。
- **誰と協働するか？**　社外の人間との協働は許容されるか。提携企業ではどうか。提携企業とアイデアについてオープンに話しても構わないか、それとも戦略的に考えて避けるべきか。アイデアの追求は部署内でのみ進めるべきか、他部署との連携も可能か。

これらの疑問からわかるように、未来のイノベーターが明確な指針を与えられないまま1人で行動しようとすれば、さまざまな失敗を犯す危険性が高い。指針が得られない時、慎重なスタッフであれば何もせずにやり過ごすだろうし、熱心なスタッフであれば独力で突き進んでトラブルを起こすことになる。

もちろん、普通は何らかのアイデアを思いついたら上司に相談し、指針を乞うだろう。「焦点を絞り込む」とはすなわち、この指針を真っ先に与えること、あるいは事前にわかる範囲で指針の一部だけでも伝えることだ。

リーダーは主な制約や落とし穴を部下と共有することで、トラブルを回避しつつ、部下が早い段階で優れたアイデアを得るチャンスを高めることができるのである。

3. 追求領域を見直す

ここまでは、目標の明確化と制約の設定について見てきた。未来のイノベーターをサポートする際の3つめのポイントは、より探究的な性質のものだ。イノベーションの設計者は焦点を絞り込むだけでは足りない。会社にとって新しい領域や未開拓の分野に目を向ける、つまり、追求領域を見直すことが不可欠なのである。具体的にわかるように、われわれが知るとあるリーダーの経験をご紹介しよう。

グレン・ロジャーズと彼の会社「ゴー・トラベル」の名前を聞いたことがない人でも、同社の製品はきっと知っているはずだ。ゴー・トラベル（旧称デザイン・ゴー）は、世界有数の旅行グッズ・メーカーだ。旅行好きな人ならば、空港にある同社の販売スタンドで携帯用ヘッドレストや電源アダプターを買ったことがあるだろう。

多くのメーカー同様、ゴー・トラベルもまた新製品の開発に焦点を当ててきた。新製品のアイデアがいくつかまとまると、ロジャーズは4人のスタッフからなる小規模チームを集めてミーティングを開く。ヘッドレストの新デザインや耳栓の新パッケージ、製造方法の見直し、あるいは旅行者のニーズに応えるまったく新しい製品の開発など、さまざまなアイデアを定期ミーティングで検討するのが彼らの仕事だ。このアプローチによってゴー・トラベルは、年間およそ35種類の新製品を市場に送り込んでいる。

しかしある時、ロジャーズと彼のチームは新たなことに挑戦してみた。「追求領域を見直し」、イノベーションの新たな可能性を製品以外で探すことにしたのである。同社の製品は空港やデパートに置かれた小さなスタンドで販売されており、製品の品揃えは各店舗のオーナーやスタッフに任されていた。

ロジャーズと彼のチームは、この販売スタンドについてイノベーションが可能かどうか検討を開始した。以下はロジャーズの話である。

「製品そのもののことを考えるのはしばらくやめて、製品の品揃えについて考えてみることにしたんだ。各小売店は、常識や利便性を基準にしてスタンドに並べる製品を決めているらしい。だが決め方は店舗ごとにまちまちで、品揃えが売上をどう左右するのか体系的に分析している店はない。そこで、われわれ自身がその領域でイノベーションを起こせるのではないかと考えた。たとえば、最適な品揃えを可能にするソフトウェアを開発するとかね」

当初はこれが斬新なアイデアに思えたが、違和感もあった。製品Xは製品Yの右と左のどちらに並べるのが最適か、といった判断をするソフトウェアに開発費を投じるのは、ウォルマートのような小売大手が確かにやっている。しかしウォルマートの場合は系列店が多数ある。大企業だからこそ、店舗あたり数ドルのコスト削減案でも大規模な投資をする価値がある。しかもウォルマートは、おびただしい数の商品を取り扱っている。

対するゴー・トラベルでは、製品の品揃え分析によって大きな利益を得るのも、分析結果に従った品揃えを各小売店に導入させるのも、少々難しそうに思えた。そもそもゴー・トラベルの顧客（デパートや空港のショップ）が、このようなサービスに関心を示さなかった。

それでもロジャーズはこのアイデアは追求する価値があると判断し、最終的に英国の開発会社にソフトウェアの設計を依頼した。結果は、予想を大きく上回るものだった。

「ソフトウェアの導入から数週間後には大きな成功がもたらされた。わが社の英国最大の顧客が、売場に当社製品を1つ追加してくれたんだ。その製品が合計800店舗に5個ずつ陳列されたことで、年間の販売率が10倍以上に拡大した。この1件だけでソフトウェア開発費用を賄えることになった。今では、品揃えの管理を自社で行っている顧客はいない。全45カ国で完全に自動化されていて、それによりわが社の売上高は5倍に成長した」

イノベーションはサーチライトである

グレン・ロジャーズのエピソードからわかるように、リーダーが新たな領域でのイノベーション追求を促すことで、著しい成果を達成することが可能になる。イノベーションの設計者は、この課題に慎重に取り組まなければならない。イノベーションの焦点を絞るという行為は、いわば向かうべき方向を示すサーチライトのようなものだ。この比喩からは、イノベーションの追求を促す際の有益なヒントも得られる。

- リーダーの仕事は、部下が正しい領域に目を向けられるよう、正しい方向に光を当てることである。
- 愛情と同様、サーチライトも焦点を絞ったほうが大きな成果を生む。一度にあらゆる方向を見ようとしてビームを広げすぎれば、はっきり見ることができなくなる。
- そもそもサーチライトは、たとえば新製品の開発など、1つの方向だけをまっすぐに照らすものである。リーダーは定期的にビームを動かすことで、イノベーションの大きな可能性を秘めた新たなビジネス領域の探索を部下に促せるようになる。

サーチライトを当てる方向を考える際は、何らかのモデルや枠組みを活用して、体系的にイノベーションを追求するのが望ましい。巻末の付録1に、ビジネスモデルの考察と、新たな／未開拓の探索すべき領域の特定に役立つ資料をいくつか紹介するので参考にしてほしい。

まとめ

本章では、日常のイノベーションのための1つめの行動「フォーカス」について考察した。適切な領域で、ビジネスの発展に不可欠な焦点の絞り込みを行いながら、アイデアを探せるよう部下をサポートするために、イノベーションの設計者は以下の行動を取らなければならない。

- イノベーションの戦略目標を明確にする。具体的にどのような成果やゴールが最大の利益を会社にもたらすか。特筆すべき違いを生める目標、違いを生めない目標はどんなものか。
- 「制約を明らかにする」で示した、イノベーション追求時に部下が直面する疑問を改めて検討してみる。特に回避するべき事柄は何か。部下がイノベーションを追求する際の制約は、明確に規定されているか。

- 部下の手で解決するべき、重要かつ具体的な問題が社内にあるかどうか検討する。ロンザのプレビドリのように、イノベーション追求のプロセスで部下を積極的に導き、このアプローチがうまくいくかどうか試すといいだろう。
- 会社のビジネスモデル、バリューチェーン、各ステークホルダーとの関係性といったさまざまな側面を見直してみる。部下がまだイノベーションを追求していない、可能性を秘めた新領域はないだろうか。
- イノベーションの目標、制約、追求領域を、部下が正しく理解し、日常業務で活用できるような形で伝える、または共有する。

第2章 外の世界とつながる

[影響力のあるアイデアを生み出すには？]

旅行カバンメーカーで役員を務める44歳のバーナード・D・サドゥは、休暇先のアルバ島から帰国する際に重要なインサイトを得た。それをきっかけに彼は社長となり、2年後には独占市場を創造し、その後数十年間にわたり多額のロイヤリティを得ることとなった。

サドゥがそのインサイトを得たのは、プエルトリコの空港で乗り継ぎ前の税関手続きを待っている時だった。かたわらには妻と2人の子どもがおり、幅約70センチの重たいスーツケースが2つ並んでいた。魔法の瞬間が訪れたのはその時だった。隣を通りすぎる1人の空港職員が、手押し車に大型の機械を載せてやすやすと運んでいったのである。

サドゥは手押し車を凝視し、続けて2つの重たいスーツケースを見つめた。それから妻に目を向け、後世に残る言葉を口にした。「あれこそ求めていたものだ。車輪付き旅行カバンだよ[1]」

サドゥの物語はイノベーションに関する教訓をいくつも与えてくれる。だが最も驚くべき事実は、これが１９７０年の出来事である点だ。１９７０年といえば皆さんもご存じのとおり、すでに多くのものに車輪が付いていた。おもちゃ、自転車、自動車、飛行機。翌年には米航空宇宙局（ＮＡＳＡ）のアポロ15号計画が月面車を25万マイルの彼方に運び、月面の探査を行うことになっていた。

だが車輪付きのスーツケースはどこにもなかった。米百貨店チェーンのメーシーズがサドゥの発明品の販売を開始したのは、１９７２年のことである。車輪の発明がおよそ紀元前３５００年であることを踏まえれば、きっと宇宙人あたりはこんな風に思うはずだ。人間は５４７２年間にわたり、重たい荷物を自力で運ぶのを「趣味としてきた」のだろうと。[2]

サドゥの物語はこれで終わりではない。彼の発明した車輪付きスーツケースは、現在のように滑らかに床を走れるものではなかった。昔ながらの旅行カバンに小さな車輪が４つと細い引き紐が付いていて、強情な犬をリードで引っ張るようなものだった。不安定かつ扱いにくいことこの上なく、サドゥはその後、新たに補助車輪を発明して安定性の向上を図っている。

パイロットのロバート・プラスがさらに改良を加えて「ロールアブロード」を発明するのは、15年後の１９８７年のことである。プラスは真の車輪付きスーツケースを作るために、（１）スーツケースを横向きにし、（２）容易に引けるように伸縮可能な引手を付けた。その後、プラスは旅行カバンメーカーに発明を売り込み、サドゥ同様に一財産を築いた。[3]

すぐに大きな成果が望めるアイデアを見つけるには？

優れたアイデアを探す時、人は2つの視点から考えることが多い。未来のトレンドと、新たなテクノロジーだ。現在の市場のトレンドはどのようなものか。3年後の顧客のニーズはどのように変化しているか。新たなソーシャルメディアにどう対処していけばいいか。電子タグが当たり前になったら、顧客のモバイル化が進んだら、バイオテクノロジーが主流になったら、「すべてがインターネット」の時代が現実になったら、何が起こるだろうか。

こうした質問も確かに重要だ。しかしサドゥの物語が示唆するように、アイデアはすべて未来に関するものとは限らない。とりわけ有益なアイデアが、過去から出現することもあるのだ。新しいテクノロジーは人の好奇心をそそるが、ハイリスクな一面があり、解明されていない部分もある。さらに未来は、ターゲットにするには不安定すぎる。

これに対し、車輪付きスーツケースはどうだろうか。車輪付きスーツケースは、「旅行カバンを運ぶ苦労の解消」という古くからの消費者ニーズにきちんと応えた。そのために活用されたのは「車輪」という世界最古のテクノロジーであり、サドゥはこの発明で大儲けをした。(4) この事実から、本章の中核的な問いが見えてくるはずだ。「優れたアイデアを数多く見つけられるよう、部下をサポートするには？」

組み換え型イノベーション

この問いへの答えは、日常のイノベーションのための第二の行動「外の世界とつながる」にかかわってくる。大規模な調査の結果、われわれは新たなアイデアがどこからやってくるのか、極めて明快な答えを得ることができた。それは、人々が新しい外部の情報源と体系的につながりを持った時に生まれるのである。どんなに優秀な人でも、毎日同じ場所に座って動かず、他人と同じ情報源だけを利用していれば、オリジナリティあふれるアイデアを思いつくことはできない。

一方、新たな物の見方や場所に定期的に触れる人は、より良いアイデアを思いつくチャンスが飛躍的に増す。そのためには、知らない人と会う、顧客と話す、海外に滞在する、異業種に触れる、異文化を体験する、読んだことのない本に挑戦する、なじみのない分野について勉強するといったことが必要だ。あるいはオフィスを離れるだけでもいいだろう。

理由は、「新たなアイデア」の本質と関係している。『ブレークスルーはどのようにして起こるか』（未邦訳）の著者アンドリュー・ハーガドンが指摘するように、大部分のアイデアは彼が「再結合イノベーション」と呼ぶものだ。つまり、2つ以上の既存のアイデアを組み合わせたものにすぎないのである。一例として、創造性の権威であるエドワード・デ・ボノが紹介したエピソードを引用しよう。ある医療研究者のチームがいかにしてヒトの腎臓に固有の特性を突き止めたか、というエピソードだ。

「生理学者たちは長年にわたり、腎細管の長いループが何のためにあるのか突き止められずにいた。おそらく特別な機能はなく、腎臓が生成する工程で生じただけだろうとの見方がなされていた。ところがある日、1人のエンジニアにこのループを見せると、『対向流増幅系』の一部だろうと即座に指摘された。溶液の濃縮を目的とした、ごく一般的なエンジニアリング・システムだ。このように、長年解かれることのなかったパズルに対し、外からの新鮮な視点が答えを与えることもあるのだ(5)」

異なる知識を持った人の介入によって、困難な問題が解決される――このエピソードは、その教科書的な一例だろう。問題のエンジニアは生理学の知識は一切持ち合わせていなかったし、医学に関する教育を受けたこともなかった。生理学者らの知識レベルに比べれば、無知と言ってよかった。だがここでは、そのような事実はまったく問題ではない。エンジニアは知識よりも重要なあるものを持っていた。生理学者たちのパズルを解く大切なピースだ。つまり両者の出会いが、いわゆるブレークスルーをもたらしたのである。

イノベーションはパズルである

このエピソードが教えてくれるのは、それだけではない。私たちはつい、創造的なブレークスルーは創造的な思考の持ち主によってもたらされると考えがちだ。しかし創造性に関する研究者、ロバート・ワイスバーグがデ・ボノのエピソードについて指摘するように、腎細管に関するブレークスルーには奇妙な点が1つある。関係者の誰ひとりとして創造性を発揮していない、という点だ。

たとえば生理学者らは何ひとつ創造的な思考をめぐらせていない。答えを与えられただけだ。エンジニアにしても、特に見事な洞察力を発揮したわけではない。長いループを一目見て、それが何か気づいただけだ。つまりここでのブレークスルーは、誰かの頭のなかで起こったことではない。両者の創造空間において、1つの問題と1つの回答が組み合わさった結果、ブレークスルーが起こったのである。

従ってこのエピソードで創造性を発揮した人がいるとしたら、それはエンジニアと生理学者の交流を促した人、つまり両者の出会いの場を設けた「設計者」だろう。

このような「創造空間」を、イノベーションのエキスパートであるフランス・ヨハンソンは「交差点」と呼んでいる。(6) ヨハンソンは著書『メディチ・インパクト』(ランダムハウス講談社)、『成功は〝ランダム〟にやってくる!』(阪急コミュニケーションズ)において、異なる人々、規律、視点が交差した時、いかにして斬新なアイデアが生まれるかを解き明かしている。創造空間、あるいは交差点が重要なのは、そこが問題と解決策の「市場」であり、両者が相互に見いだすチャンスが生まれるからである。このような創造空間は、人の頭のなかに生じる場合もある。

たとえば旅に出て見知らぬ場所を訪れ、新たな情報やインサイトを取得した時、人は頭のなかにそれらを蓄積し、組み合わせることができる。物理的な創造空間としては、デ・ボノのエピソードが好例だろう。あるいは、仮想的な創造空間もある。ウェブサイトやイントラネット、その他にもさまざまな「アイデアの市場」が仮想世界には存在する。大切なのは、イノベーションを追求しようとする企業が偶然ではなく意図的に創造性を発揮し、創造空間を継続利用することだ。「インサイト創出の場」の1つとして、企業は積極的に、創造空間を職場内に設けなければならないのである。

外の世界とつながる3つのアプローチ

オリジナリティあふれるアイデアを見つけるための秘訣は、どうやら意外と簡単なようだ。まずはアイデアをパズルのようなものと捉える。パズルのピースは世界各地に散らばっている。本やレポート、その他の文献に隠されたピースもあれば、データ中に埋没して、発見される時を待っているピースもある。他者の頭のなかに蓄えられ、イノベーターとの出会いを待つピースもあるだろう。イノベーションの設計者の役割は、これらのピースを見つけ出すことではない。部下がパズルのピースに出会うための空間と場所とつながりを提供する、「インサイト創出の場」をつくることだ。いくつもの創造空間を組み合わせて、1つの大きな市場を築き上げると言い換えてもいいだろう。

図2　アイデア創出の手法として有益なものはどれ?

第三者を対象としたアイデア・コンテストの開催

第三者から商品デザイン案を募る

第三者からアイデアを募る

エスノグラフィー調査（消費者の日常行動を直に観察）

顧客とのフォーカスグループ・インタビューで問題を特定

顧客訪問

出典：Robert Cooper and Scott Edgett, "Ideation for Product Innovation: What Are the Best Methods? (*PDMA Visions Magazine*, March 2008)

本章では、3種類の「つながり」に焦点を当てながら、「インサイト創出の場」のつくり方を考えてみたい。

第一のつながり――部下と顧客
第二のつながり――部下と同僚
第三のつながり――部下と関連性のない未知の世界

第一のつながり――部下と顧客

すぐさま成果を上げられる価値あるアイデアを探しているなら、まずは顧客とのつながりを構築するところから始めるといいかもしれない。ただし、部下と顧客がただつながるだけでは十分とは言えない。大切なのは、「どのようにして」つながるかだ。どんな風につながっても、優れたアイデアが生まれるとは限らないからである。

ここでアイデアの創出方法に関する皆さんの直感をテストする意味で、**図2**に示す6種類の方法について評価してみてほしい。製品開発に関する最新の研究から得られたこれらの各方法に対し、価値あるアイデアを創出する方法として「良い」「悪い」を＋／－を付けて評価していただきたい。評価を終えてから、次の段落に読み進んでみよう。

これらのアイデア創出手法は、ロバート・G・クーパーとスコット・エジェットによる、製品イノベーションに関する研究からの引用である。(7) クーパーらは160の企業を対象に、18種類のアイデア創出方法を評価するためのアンケートを実施。どの方法が最も有益であるかを調べた。**図2**には、18種類の方法のうち最も高評価だったものと、最も低評価だったものが3つずつ含まれている。最も有益な方法として選ばれたのは以下の3つだ。

1. エスノグラフィー調査
2. 顧客訪問
3. 顧客とのフォーカスグループ・インタビューで問題を特定

また、最も有益ではなかった方法は以下の3つである。

16. 第三者から商品デザイン案を募る
17. 第三者からアイデアを募る

18．第三者を対象としたアイデア・コンテストの開催

もちろん、1つの研究結果を厳然たる真実とみなすことはできない。テーマを製品イノベーションに限定しなければ、結果はまた違ったものになった可能性もある。だが一般的な目安として捉えるなら、1位から16位までの方法を比べた時に興味深いパターンが隠されているのが見えてくるはずだ。

▼問題の特定と深い関与

最も有益ではないと評価された3手法はすべて、「顧客からアイデアをもらおう」とする発想だ。この発想だと、部下は革新的である必要は特になく、ただアイデアを受け取ればいい。しかしアンケート結果が示すように、この発想は実践的とは言えない。顧客からオリジナリティあふれるアイデアが出てくることはまずない。車輪付きスーツケースの事例からわかるように、消費者は製品やサービスに明らかに使いにくい部分があっても、意外と気づかないものなのだ[8]。

これに対し、最も有益と評価された3手法は、「インサイトを探し求めよう」とする積極的な発想だ。さらに3手法には、2つの共通点がある。第一に、アイデアではなく問題を特定しようとしている点。顧客の不満に耳を傾け、彼らの行動を観察し、苦労している点や、独自の使い方

を調べることで、新たなチャンスを探っている点だ。つまり、市場ですぐに注目されるアイデアを生み出す最善の方法は、満たされないニーズや問題を特定することなのである。旅行カバンをもっと運びやすく、というニーズを特定したサドゥのケースがまさにそうだ。

2つめの共通点は、インサイトを探し求める時に、対象に深く関与する点だ。いずれの手法でも、企業は顧客と直接、個人的かつ継続的なつながりを持つ必要がある。満たされないニーズは、メールなどの「消極的な」チャネルで問い合わせてもまず特定できない。

サドゥもオフィスにこもって顧客からの手紙に時々目を通す程度だったら、車輪付きスーツケースのアイデアを得ることはかなわなかっただろう。外に出て、顧客と同じように「行動」したからこそ、彼はアイデアを見つけられたのである。消費者の世界に深く関与し、彼らの立場になって考え、身をもって苦労を感じることによって、彼らの暮らしのあやがようやく見えてくるのだ。

『ありふれた風景のなかに隠されたイノベーション』（未邦訳）の著者で、マーケティング戦略会社ヴィヴァルディ・パートナーズの創立者でもあるエーリヒ・ヨアヒムスターラーも、次のように指摘している[9]。

「企業のイノベーション活動に共通して見られる問題は、視点が内向きになりがちなことだ。R&D部門やマーケティング担当者などがイノベーションを主導し、社内にばかり目を向けているのである。たとえば技術畑の人間がアイデア創出を主導すれば、消費者を含めた誰にも用途のわからない新しいガジェットが大量に生まれるだけだ。マーケティング部門はどうかと言うと、理論上は消費者に近い位置にいる。ところが彼らの場合『「理解してもらおうとする」ことにばかり時間をかけ、『相手を理解する』ことにはほとんど時間をかけないという欠点がある。

だがイノベーションを成功させたければ、まずは視点を外に向けなければならない。そうして、消費者にとっての1日1440分間がどのように成り立っているのかを理解する必要がある。外向きの視点がなければ、巨大な盲点を抱えたまま無駄にイノベーションを追求することになる」

▼マイスターバックスアイデア――顧客からオリジナリティあふれるアイデアを得られるか？

2008年初頭、スターバックスはマイスターバックスアイデア・ドットコムを立ち上げた。顧客がアイデアを提案し、気に入ったアイデアに投票するクラウドソーシング・サイトだ。同サイトはメディアからも大きな注目を集め、多数のアイデアが集まった。サイトのオープンから1年後には、提案されたアイデアの数は7万件に達し、その数は現在10万件に上る。現時点でスターバックスは、アイデアの大海原のなかから200件のアイデアしか実践していない。500件につき499件は、放棄または保留された計算だ。

この試みに顧客が何を期待していたかはさておき、実践率の低さについては疑問視する必要はない。「大部分のアイデアはゴミだ」という事実を反映しているだけのことだ。しかし、実践されたアイデアを見てみると、疑問が首をもたげてくる。果たしてそれらのアイデアは本当に優れていたのだろうか。アイデアの大河から、スターバックスは真に影響力のあるイノベーションを実現できたのだろうか。同社が実践したアイデアをいくつか紹介するので、各アイデアの影響力がどれくらいか推測してみてほしい。

●チョコレートシナモン・ブレッドを復活させて！
●テイスティング・イベントを開催して
●モカココナッツフラペチーノ！　復活させてくれなきゃ困る！
●ノルウェーにもスターバックスを開店して
●アジアのエラ・フィッツジェラルド、ジィ・アーヴィのアルバムをかけて！

スターバックスが実践した200件強の全アイデアを見てみれば、その多くがオリジナル商品の復活リクエストであることがわかるはずだ。もちろん、「モバイルペイメント・アプリの導入」のように、新しいアイデアもいくつか確認できる。しかし総体的に言って、スターバックスが自力では到底生み出せないような斬新なアイデアは1つも見あたらない。

思うにマイスターバックスアイデアは、「クラウドソーシング方式で顧客からアイデアを募るキャンペーンは、とても優れた〝マーケティング・ツール〟になり得る」、という事実を証明しただけではないだろうか。確かにこの試みはスターバックスにメリットをもたらした。多くのメディアに好意的に取り上げられ、多数の顧客との関係構築にも成功したのだから。[10]また、「××

を復活させて！」式の多くのアイデアが示すように、顧客の声に耳を傾けるには最適な方法でもあり、売上データと組み合わせた分析に役立つだろう。

だが、「オリジナリティあふれる影響力に富むアイデア」という観点に立ち、クーパーとエジェットのアンケート結果とあわせて考えてみると、マイスターバックスアイデアのようなアイデアのクラウドソーシングに、投資額に見合った価値はないと言えるのではないだろうか（もちろん、スターバックスも世界中のチョコレートシナモン・ブレッド・ファンも、われわれの見解には同意しないと思うが）。

▼顧客とのつながりの機会を増やすには？

クーパーとエジェットは新しいアイデアの探し方について、いくつかの方法を提案している(11)（89頁「フォーカスグループ・インタビューは、アイデア探しに本当に適しているか？」も参照）。だが、エスノグラフィー調査や顧客訪問といった大がかりなアプローチは予算的に実施が難しいこともあるだろう。そんな場合は、予算をかけずに済む手法がある。顧客とのつながりの機会を増やすためのシンプルかつ体系的な方法を、いくつかご紹介しよう。

- 社内には、すでに定期的に顧客とつながっている社員がいるはずだ。彼らを通じて、既存のつながりを活用する方法を検討できるだろう。

●セールスパーソンに、顧客を観察するテクニックを身につけさせるのも有益だ。同時に、顧客に関する興味深いインサイトを提供してくれたセールスパーソンへの報賞制度を取り入れるとよい。

●コールセンターのスタッフに、よくあるクレームや興味深いクレームに関する情報提供を促し、報賞制度を取り入れることもできる。たとえば、コールセンター・スタッフからの改善案を実践してコスト削減が達成できたら、その分をスタッフに還元するなど。

●自社製品を意外な方法で使っている例を見つけたら携帯電話などで写真を撮るよう、社員に促してはどうだろう？　たとえば、製品本来のデザインや用途に改良を加えているケースなどを写真に撮れば参考になる（www.ThereIFixedIt.com では、消費者による独自の製品改良案の数々が写真で紹介されている）。あるいは、製品のパッケージが開けにくいなど、既存の問題と消費者が格闘している場面をビデオに撮ってもいいだろう。『アトランティック』誌ウェブサイトにレベッカ・グリーンフィールドが寄稿した、「商品パッケージへの配慮に欠けるグーグル（Google Doesn't Get the Importance of Gadget Packaging）」がとても参考になる[12]。

●顧客とまだつながっていないスタッフが、一度限りではなく定期的に顧客とつながるのを支援する方法がないか考えてみる。たとえば、社内ミーティングの席に顧客を1人か2人呼んではどうだろうか。

●ほかにも、定期的に顧客を社内に招く方法がないか考えてみる。たとえばある企業では、社内でさまざまな顧客向けイベントを主催している。同じようなアプローチが可能かどうか、考えてみてはどうだろうか。

これらのアプローチを通じてつながるべき重要なステークホルダーは、「エンドユーザー」だけではない。ジョーダン・コーエンが社内に導入したリモートアシスタント・サービスの「ファイザーワークス」のように、社員も「ユーザー」になり得る。たとえばフィールド・スタッフや、別の部署のスタッフなども「ユーザー」だ。B2Bビジネスに携わっているなら、サプライヤーを含む提携先とのつながりも大切だろう。

本章の後半で詳述するように、既存市場の外に目を向け、関連性のない新たな世界と部下をつなげることで、新しい収益源を見つけることもできるのである。

▼フォーカスグループ・インタビューは、アイデア探しに本当に適しているか?

イノベーションのエキスパートのなかには、フォーカスグループ・インタビューを推奨しない向きもある。たとえばイノサイト社のスコット・D・アンソニーは、「フォーカスグループとペストだけは避けよう」と助言している。もちろん、クーパーとエジェットの研究が示すように、有益なツールと捉える人も多い。実はわれわれもフォーカスグループ非推奨派だ。もちろんこの手法にまったく効果がないわけではない。特に熟練のインタビュアーによって実施された場合には、十分に効果を発揮する。顧客にとっての明らかな問題を特定できたり、製品の意外な利用方法を見いだしたりできる。

だがフォーカスグループでは、誤った情報を得てしまう場合がある。インタビューに参加する消費者が嘘を言うわけではない。ただ、人間行動に関する研究結果が示すように、人は本質的に自らの行動の真の理由を気づいていないことが多い。にもかかわらず人は理由を問われると、理由をでっち上げ、自分でもそれを信じてしまう。

たとえば本書が重視する「職場環境」も、行動の真の理由として認識されていない。さまざまな研究の結果から、環境が人を左右するのは明白なのだが、大部分の人はほぼ必ず、「環境には左右されていない」と回答するのである。

以上のことから、問題を特定するにはフォーカスグループよりも「観察」のほうが適していると言える。観察のほうが難易度は高いが、人々の行動を明確に把握することが可能だ。しかもそこで確認できる行動は、人々がインタビューのなかで明かす自らの行動とは、まったく異なるのである。

第二のつながり——部下と同僚

ライフサイエンス分野のグローバル企業DSMでは数年前、ネオレジン部門が試作品についてある問題を抱えていた。E850という環境に優しい接着剤で、テーブルなどに使われる合板の生産に用いられる。試作品では、薄板を接着後に塗料を塗ると、端のほうから接着剤が剥がれてしまう問題が生じていた。

2年間にわたって社内で試行錯誤を繰り返したのち、DSMの3人のスタッフ――スティーヴン・ツウェリンク、エリック・プラス、テオ・ファーウェーデン――が、ある実験を行った。問題をパワーポイントにまとめ、「解決策を提供してくれた人には1万ユーロの賞金を進呈」とうたい、さまざまなソーシャルメディアで公開したのである。[13] 数週間後には5人からアイデアが提案され、DSMはそれらを組み合わせることで問題を解決。E850は無事に商品化された（賞金は5人に均等配分された）。

E850のエピソードは、オープン・イノベーションを目指したほかの成功譚とよく似ている。いずれのケースも問題を広く公表することで、すでにその問題の解決策を知っている人や、パズルの重要な1ピースを提供してくれる人と出会っている。ただしDSMのエピソードには、実は興味深いひねりが加わっている。5人のアイデア提供者のうち3人は、DSMの社員だったのだ。つまりネオレジン部門が2年間にわたり悩まされ続けていた問題は、彼らの力添えがあれば、もっと早く解決できていたのである。

▼社内に創造空間をつくる

DSMのエピソードが示すように、社外に目を向けることばかりが「つながる」方法だとは限らない。時には同僚同士のつながりを築くだけでも、有益なインサイトを得ることは可能だ。

「インサイト創出の場」を構築したいリーダーにとって、社員同士をつなげるのは初めの一歩として最適だ。しかも、社員と外の世界をつなげるよりも簡単で、知的財産の漏えいなどを心配する必要もない。次のセクションでは、社内でのつながりを築いた具体例をご紹介しよう。

▼物理的な空間を利用する

スタッフ間のつながりを促したいなら、たとえばパーティションなど、職場の物理的な環境から見直すといいだろう。序章で紹介したスティーブ・ジョブズによるトイレ移転案は少々大がかりだが、もっと簡単な方法でも、アイデアの交換を促進することは可能だ。場合によっては、コーヒーマシンの置き場所を変える、広い廊下に柔らかいソファを置いて休憩所にする、プリンター類を一カ所にまとめるといったシンプルなアプローチでも、他部署のスタッフとの交流を促すことができる。

喫煙エリアのようにすでに人が集まる空間があるなら、そこに手を加えて、スタッフが意見交換しやすい場所にしてもいい。表に出て喫煙する人たちがいるなら、そこでも交流を促す方法を考えてみてはどうだろう。

なおオフィス内でレイアウト変更を行う場合は、次の2点に注意してほしい。第一に、いったん変更したらそう簡単には元に戻せない点を肝に銘じること。1990年代に初めてオープンオフィスが大流行した際には、このスタイルが必ずしも期待されたような効果を発揮せず、場合によってはまったく新しい問題を生む要因になることがしばらくしてから明らかになった。従ってオフィス・レイアウトを大々的に変更する際には、アンヌ＝ロール・ファヤードとジョン・ウィークスによる「コラボレーションや創造性を生み出す〝意図せぬ交流〟を促す職場デザイン」（『DIAMOND ハーバード・ビジネス・レビュー』２０１２年２月号）をぜひ参考にしてほしい[14]。オープンオフィスの導入によって社員同士の交流を促す方法や、「つながり」と「プライバシー」のバランスの取り方などが参考になるはずだ。

第二の注意点は、たとえそれが些細なレイアウト変更であっても、必ず事前にスタッフに説明することだ。スタッフにレイアウト案を募ることができればもっといい。何の前触れもなくウォータークーラーの置き場所を始終変えたりすれば、社員は間違いなく、実験動物のような気分になるはずだ。この手の取り組みはたいていそうだが、社員を巻き込むほうが、独裁的に進めるよりもずっと望ましいのである（仮想的な創造空間については、「オンライン提案箱は有益か？」を参照）。

▼オンライン提案箱は有益か？

イノベーション・ツールとして最近人気なのが、ウェブベースのアイデア管理プラットフォームだ。その最も基本的なものが昔ながらの提案箱のオンライン版で、これなら社員はどこからでもアイデアを簡単に提案できる。多くの場合は、アイデアの人気投票やフォーラムといった付加機能も設けている。

ただしこの手のウェブベース・プラットフォームの導入に際しては、慎重さを忘れないでほしい。ウェブベース・プラットフォームが大きな効果を発揮した事例は多々あるが、一方でわれわれは、何の成果も得られずにがっかりするマネジャーたちの姿も目にしてきた。現時点でこの種のソリューションに関して入手できるデータからは、かなりの割合で導入後の結果に満足していないユーザーがいることがわかる。

ウェブベース・プラットフォームには、2つの大きな落とし穴がある。1つめは、ロンドン・ビジネススクールのジュリアン・バークショーが著書『マネジメント再考』（未邦訳）で指摘している落とし穴だ[15]。ソフトウェア・ツールはアイデアの「収集」は得意だが、最も手がかかる次のフェーズ、つまり集めたアイデアを「組み合わせて活用する」際にはほとんど役に立たないことが多いのである。

2つめの落とし穴は1つめとも関連しているが、英国のイノベーション・マネジメント・ソフトウェア会社イマジナティックの元CEO、マーク・トゥレルが指摘したものだ。ウェブベース・プラットフォームはどんなに魅力的に見えても、しょせんはシステムの一部にすぎないのである。システム全体を正しく機能させるには、ウェブベース・プラットフォームに適した新たなルーチンやプロセス、インセンティブ制度を社内に組み込まなければならない。これらの全工程を正しく実践できなければ、社内にまた1つ新たなITプロジェクトを導入しただけで終わってしまう――そんな結末は、もちろん誰も望んでいないだろう[16]。

▼チームに部外者を招く

社内に新たなチームが毎日結成されるわけはないだろうが、いざ結成された時は、既存のエコシステムに新しいインサイトを取り込む絶好のチャンスだ。ジョーダン・コーエンはファイザーワークスを立ち上げた際、リモートアシスタント・サービスをしかるべく提供するには、この分野に詳しい誰かの助けが必要になると考えた。

そうこうするうちにプロジェクトの担当役員を新たに任命することになったが、彼は部内者、つまりニューヨーク本社人事部の同僚は選ばなかった。会社の最前線で20年にわたり活躍してきた、シニアディレクターのタニヤ・カー＝ウォルドロンを抜擢したのである。カー＝ウォルドロンはプロジェクトに信用性とネットワークをもたらした。それだけではなく、サービス提供時の詳細を詰める際にも大いに貢献した――現場に通じていないコーエンには、到底できなかったことである。

規模は小さくなるが、ニュートロフーズ・ベルギーのマーク・グレンジャーの取り組みもご紹介しよう。支社内でのイノベーション推進についてマネジメント・チームと話し合う際、グレンジャーは自身のアシスタントも会議に参加させた。社員が会社をどう見ているか、アシスタントから生の声を聞かせてもらうのがねらいだ。

本来ならば、マネジメント・チームだけで会議を進めるほうが話は簡単だろう。中には一社員が上層部の話し合いに参加することに、不満を覚える者もいたかもしれない。だが上層部だけで会議を進めれば、会社について重要な情報を見いだせない恐れがある。新たなプロジェクト・チームが結成された時、果たして皆さんは、異なる視点を持った人材をチームに迎え入れることができるだろうか。

▼会議に他部門を招く

創造性を発揮するためのツールとして軽視されているものの1つに、会議に他部門を招くというアプローチがある。われわれのクライアント企業の例をご紹介しよう。

同社は製品のキャンペーンを新展開する際、マーケティング部だけでプランを立て、実践の段階になってから他部門にも参画を要請した。結局このキャンペーンは、目新しさに欠け、さしたる効果も生まずに終わった。ところが、もっと早い段階から他部門を招くようになるとすべてが一変した。新たなアプローチでは、マーケティング部は計画の初期から他部門に声を掛け、問題の特定時にも協力を要請。おかげで同社は、革新的なマーケティング・キャンペーンで成功を収めることができた。

当然ながら、こうした成果を上げるには時間と労力を投じる必要がある。プロセスの初期段階から部外者を招けば、会議は長くなるし、マーケター同士なら暗黙のうちに了解できることも、いちいち説明する手間が生じる。調整や交渉にも時間が取られるし、長時間の会議は誰だっていやなものだ。それでも成果のほどを考えれば、このアプローチは試してみる価値がある。

▼シンプルが一番——部外者とのランチ

皆さんの勤務先がごく普通の会社なら、ランチタイムにはだいたい似たような光景が見られるはずだ。お昼になると、ペンネアラビアータの香りに誘われた社員がカフェテリアに集まり、昨日と同じテーブルに昨日と同じメンツで座って、おしゃべりをしながらペンネをほおばるといった光景である。交通機関でなるべく他人に触れないようにするのとは反対に、カフェテリアではみんなで一緒に固まりたくなるのが人間の心理というものだ。

フランスのある企業は、そのような人間心理に変化をもたらしたいと考えた。同社では同じビル内に複数の部門が入っているが、マネジャー同士のミーティングは月に1度だけなので、他部門の具体的な状況を把握する者はいなかった。

ある日のミーティングで、1つのアイデアが提案された。週に1度、マネジャー・チームのメンバーは他のメンバーと必ず1対1でランチを共にする。ただし休憩時間の妨げになってはいけないので、ランチ中に必ずしも仕事の話をする必要はない。話題は自由で、好きなことを話していい。この案は大成功を収め、やがて社内に広がっていき、部門マネジャーが一般社員向けに同様のシステムを取り入れるまでになった。

このアプローチが同社を「変えた」と言うつもりはない。同社の社員がエスカルゴやバゲットを平らげながら、業界を一変させるアイデアを生み出したという話も聞かない。では、このエピソードの教訓は一体何か？　それは、「シンプルなソリューションでいい」ということだ。本章のアプローチには、いきなり導入するには難しいものもある。そんな時は、実行可能なレベルまで簡便化して試してみればいい。社員と同僚をつなぐ方法は、どんな会社にもきっとあるはずだ。

第三のつながり——部下と関連性のない新たな世界

同僚と既存顧客は、新たなインサイトを容易に得られる大切な情報源だ。しかし情報源はほかにもある。最も興味深いアイデアを見いだすには、まったく接点のなかった無関係な世界で、欠けたパズルのピースを探さなければならない場合もある。関連性のない新たな世界と部下を定期的につなげることで、彼らに多くのピースを集めさせ、そのなかから真に独創的なインサイトを見いだすことが可能になる。

人は外部からさまざまなインプットを得ることで、たとえばサドゥがプエルトリコの空港で手押し車を目にした時のように、自身が扱う製品やサービスを別の視点から見られるようになる。あるいは、他者の問題への解決策を自分が持っていることに気づくこともあるだろう。その解決策がやがて新たなサービスへと成長し、新たな顧客を生む場合もある。

ここでは、北欧のメディア大手エグモントでＣＥＯ兼社長を務めるシュテフェン・クラーから聞いたエピソードが参考になるだろう。エグモント子会社のノルウェー大手放送局、TV2には、天気予報を担当する小規模なチームがあった。収益を生めない同チームだが、他のチャンネルの好業績のおかげで正確な天気予報を提供することができていた。

ところが新たなビジネスチャンスを探して社外に目を向けてみると、有料の天気予報サービスにも市場があることがわかった。より正確な天候データを求めている、域内の水力発電業界や石油業界だ。この発見をもとに、天気予報チームはやがて営利企業として独立。気象学者でテレビ司会者のシリ・カルヴィクとTV2によって、ストームジオ社が設立された。現在、ストームジオ社は世界各国の石油・ガス、再生エネルギー、海運、メディア、航空といった業界にサービスを提供している。このように部下と外界をつなげることで、彼らが新たなビジネスチャンスを見いだし、新たな顧客をつかむのを後押しすることが可能なのだ。

部下と外界をつなげる方法をいくつかご紹介しよう。

● **ソーシャルメディアを活用する。** インターネットは私たちに、外界への窓をいくつも開いてくれる。TED（www.ted.com）をはじめとする、さまざまなアイデアや興味深い人物をショートビデオで紹介するサイトは通勤途上で見るのに最適だ。ゲイリー・ハメルとポリー・ラバールが発起人となっているマネジメント・イノベーション・エクスチェンジ（MiX）には、企業のイノベーション事例が数多く紹介されている。ブレイデン・ケリー、ローワン・ギブソン、ジュリー・アニクスターが運営するブログ（www.InnovationExcellence.com）は、フレッシュな物の見方を教えてくれる。ツイッターなどのサービスも、インスピレーションを得るのに有益だ。皆さんの部下にも、こうしたサービスの活用を促してはどうだろうか。

● **トレンドにアンテナを張る。** 毎週のミーティングの際に、メンバーが見つけた新たなトレンドやアイデアを1枚のパワーポイントにまとめ、2分間でプレゼンするのを習慣にしてはどうだろう。発表者を持ち回りにすれば、メンバー全員がアイデア探索を行えるはずだ。

● **書籍や文献を活用する。** IESEでわれわれが担当するMBAコースでは学生に、受講中に本を1冊読み、中核的なアイデアをまとめるのを課題として与えている。皆さんの部下にも、異業種に関する書籍や文献で同様の課題を試してはどうだろうか。

● **ユニークなインターンを採用する。** 通常の採用時には、業界知識の有無が主な採用基準になるはずだ。だがインターン採用時ならもっと冒険ができる。ある会社では、ソーシャルメディア通のインターンを採用し、社内の各部署でソーシャルメディアに関するプレゼンを担当させたという。皆さんも、会社に新たな知識をもたらすインターンを採用してみてはどうだろうか。

まとめ

本章では、日常のイノベーションのための2つめの行動「外の世界とつながる」について考察した。成果に直結するアイデアを探す部下をサポートするために、イノベーションの設計者は以下のことができる。

- 車輪付きスーツケースのエピソードを共有する（本書のウェブサイトwww.IAsUsual.comにスライドをご用意した）。既存のテクノロジーを使ったアイデアの問題点について、部下に解決策を考えさせてみてはどうだろうか。3年前に発明されて当然なのに、いまだに存在しない製品やサービスはないだろうか。
- 部下と顧客をつなぐ体系的なアプローチを模索する。訪問営業のような既存のアプローチを、より効果的に改善する術はないだろうか。顧客を社内に招くことは可能だろうか。
- 社員同士をつなげ、部門をまたいだ定期的な交流を促す。公式・非公式のコミュニケーションを促進する、シンプルなアプローチはないだろうか。そのようなアプローチを社員自身に考えさせれば、イノベーションと社員同士の交流という2つの目的を同時に果たすこともできる。
- 日常業務の一環として、社員が外の世界とつながるのを促す。社員が新たなアイデアに触れる機会を探ってはどうだろうか。フレッシュな考え方やインスピレーションをもたらす習慣を、社員に身につけさせるのも有効だ。

第3章　アイデアをひねる

[アイデアに磨きをかけるには？]

あらゆるアイデアは、思いついた瞬間は完璧に見えるものだ。新しいアイデアが浮かんだ時の「これだよ、これ！」という純粋な喜びは、多くの人が感じたことがあるだろう。

残念ながら、その喜びはつかの間のものにすぎない。たいていのアイデアはゴミであることがいずれ判明する。優れたアイデアですら、生まれたての状態で完璧なことはまずない。むしろリタ・マグラアとスティーブン・G・ブランクらが明らかにしたように、「生まれたてのアイデアには必ず欠陥がある」と言ったほうが正しい。スコット・D・アンソニーも指摘するとおりだ――アイデアには必ず正しい部分と間違った部分が混在している、だからイノベーターは間違いを発見することにまずは専念するべきだ。

問題は、イノベーションの初心者の場合、**生まれたてのアイデアでも完璧だと思い込んでしまう点だ**。さらに初心者はイノベーション・モデルを極端に簡素化して、**図3**に示すようなプロセ

図3　イノベーション・モデル（簡素化しすぎた例）

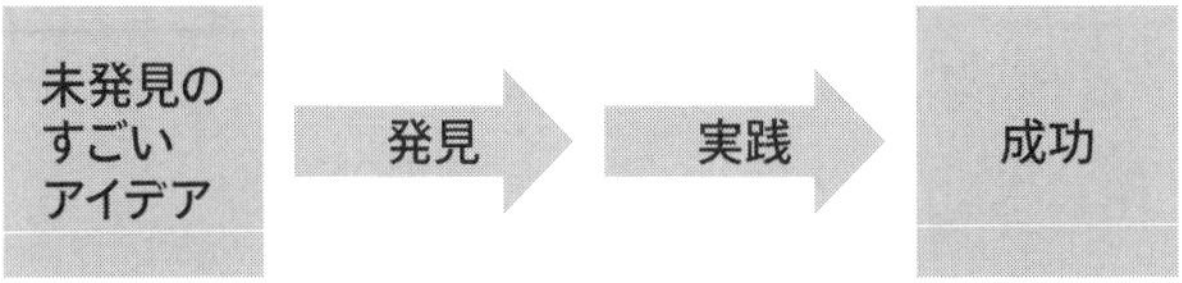

図4　イノベーション・モデル（実際の例）

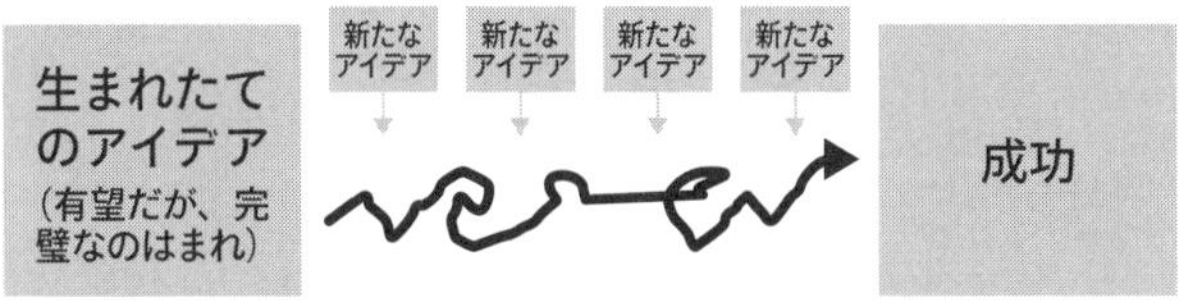

スで実践できると考えてしまう。

このモデルでは、役割分担が極めてシンプルだ。まずは「天才」が必要で、天才が画期的なアイデアを思いつく。次に必要なのは「実践者」で、独創性を薄めたり損なったりすることなく、アイデアを巧みに実践する。このようなモデルは、小規模な改善であれば有効なこともある。しかしたいていのイノベーションは、**図4**に示すルートをたどるのが一般的だ。

つまり、優れたイノベーションは見つけるものではなく、「開発する」ものなのだ。そしてこの開発工程では、製品やサービスやプロセスの継続的な改良が必要となる。注意してほしいのは、開発するのはソリューションそのものだけではない点だ。イノベーションによって解消される問題、あるいは満たされるニーズの捉え方も、同時に変化することになる。極端なケースでは、開発工程で問題もソリューションも大きな変化を遂げ、当初のアイデアとは似ても似つかないソリューションが完成されることもある。

よく引き合いに出される、ペイパルの事例を見てみよう。1998年、マックス・レヴチンとピーター・ティールは、パーム・パイロットをはじめとする小型情報端末向けの暗号化システムの開発に着手した。大手企業の社内通信網の、セキュリティ強化が目的だった。そうして何カ月も試行錯誤を繰り返すうちに、レヴチンとティールは大きな収益源となり得るまったく別のソリューションを発見した。それが、安全で簡単なオンライン・ペイメント・ツール、ペイパルだったのである。

アイデアをひねる2つのアプローチ

1つのアイデアが方向性を変える事例としてペイパルのケースは少々極端だが、もっと小規模なイノベーションでも理屈は同じである。イノベーションを成功させるには、日常のイノベーションのための3つめの行動「アイデアをひねる」をリーダーが部下に促さなければならない。彼らがアイデアを思いついたら、そのアイデアを直ちに、しかも繰り返し、試したり、再検討したりするためのルーチンやプロセスをリーダーが構築する必要がある。

具体的には、リーダーは次の2点を部下に課さなければならない。

1. **問題を見直す**——解消すべき問題、あるいは満たすべきニーズを定義、分析、再検討する。

2. **解決策を試す**——テストとプロトタイピングを可能であれば実際の市場ですぐに何度も行う。

2つの課題は順番に行うのではなく、並行して、なおかつ繰り返し実施しなければならない。本章では、その具体的な方法を考えていこう。

1. 問題を見直す

ミハイ・チクセントミハイというユニークな名前のハンガリー人心理学者が、創造性科学の分野において問題の見直し《リフレーミング》（問題発見、問題分析とも言う）の重要性を明らかにしている。

チクセントミハイと同僚のヤコブ・ゲッツェルスはある時、創造的な人々に共通する特性を探ってみようと考えた。優れたイノベーターと平凡なイノベーターの違いは何か。なぜ前者は独創的なアイデアを多く生むことができるのか。優れたイノベーターと彼らのアプローチの、具体的にどのような部分が成功を可能にしているのか。これらの疑問への答えを見つけるため、チクセントミハイとゲッツェルスはあらゆる業種や地域から数百人の優れたイノベーターを選び、インタビューを実施した。

そうして得たデータを分析し、2人は意外な結論を導き出した。インタビューの回答者は誰ひとりとして、所定の問題に対する「解決策を見つける」のを得意としているわけではなかった。彼らを優れたイノベーターたらしめているのは、「他人と違う視点から問題を見る」能力だった。普通の人は問題に直面すると、すぐさま解決策を見つけようとする。ブレーンストーミングなどでもそうだ。しかしチクセントミハイとゲッツェルスの被験者は違っていた。問題に直面した時、彼らはいったん立ち止まって自問する――「なぜこれが問題なのか」「自分はこの問題を正しく理解できているか」「問題を別の視点から捉えることはできないか」

つまり優れたイノベーターは、解決策の発見者ではない。「問題の発見者」なのだ。彼らにとって、解決策は二次的なものにすぎない。答えは問題のなかに潜んでいて、問題を100%理解できれば、たいていは答えも見えてくるのである[1]。

▼2つの例――フリップとドロップボックス

イノベーションにおける問題理解の重要性をより深く知るために、製品とサービスの事例をそれぞれ見てみよう。

最初の事例は、消費者向けの2種類のビデオカメラに関するものだ。一方は昔ながらのビデオカメラで、ここではキヤノン製品を例に取っている。他方は2006年に小規模なスタートアップ企業が開発した「フリップ」だ。**図5**と**図6**に示す2つの製品の特徴を確認した上で、

図5　昔ながらのビデオカメラ　キヤノン製品

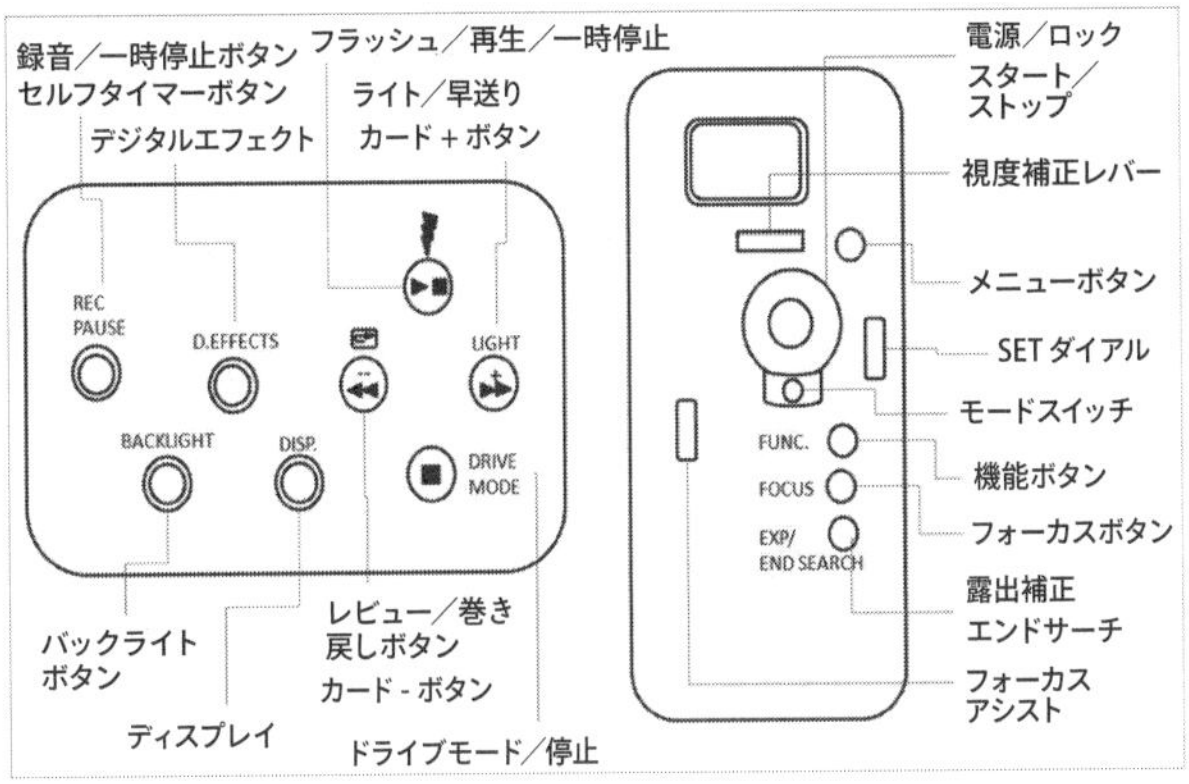

図6　革新的なビデオカメラ　フリップ

次の問いについて考えてみてほしい。「各メーカーは消費者にとっての最大の問題やニーズをどのように捉え、製品を開発したのか」

キヤノンは、消費者にとっての最大の問題を「プロ級の高品質ビデオを撮ること」と捉えたようだ。そのため製品には多数の機能やボタンが付いており、おそらくは分厚いマニュアルも付属しているのだろう。キヤノンのアプローチは、当時のライバルメーカーとだいたい似ている。

一方、フリップの開発会社はまったく異なる問題に着眼した。フリップは、当時出回っていた多くの製品に共通する問題、つまり「シンプルさの欠如」を解決することを重視している。同社によるこの新たな問題解釈は、正しいことがすぐさま証明された。フリップは発売開始と共にビデオカメラ市場を席巻し、3年後にはシスコによって5億9000万ドルで買収された[2]。

2つめの事例は、デバイス間でのファイルの同期と共有を可能にするオンライン・クラウドストレージ・サービス「ドロップボックス」だ。2007年に同サービスをリリースしたドロップボックス社はたちまち成功を手にした。2011年には2億4000万ドルの年間売上をたたき出し、フェイスブックやツイッターと並んで、「最も価値のあるスタートアップ企業トップ5」に名を連ねた。

とはいえドロップボックスは、ファイルの同期と共有を世界で初めて可能にしたわけではない。リリース時にはすでに多数の類似サービスが市場に存在した。ではなぜ、ドロップボックスのような後発サービスがそこまでの人気を得られたのか。匿名ユーザーがQ&Aサイト「クオラ」に投稿したこの疑問に対し、クオラユーザーで、リレーションシップ・マネジメント・ソリューション・サービスの新興企業パイプワイズのマイケル・ウルフCEOが、完璧な答えを出している。以下は、「クオラ」にマイケル・ウルフが投稿した「ドロップボックスが他の類似サービスに勝てた理由」だ。

一歩下がって、ファイル同期時の問題と、その問題の理想的な解決策について考えてみよう。

・フォルダを用意する。
・フォルダにファイルをドロップする。
・ファイルが同期される。

ドロップボックスはこれを可能にした。

他社がこのシステムを作れなかった理由？　それは私にもわからない。

「でも」とあなたは反論するかもしれない。「それだけじゃシステムは成り立ちませんよね。タスク管理とか、カレンダー機能とか、カスタムダッシュボードとか、仮想ホワイトボードとか、いろいろ必要ですよね。フォルダとファイルだけじゃ使えませんよね」

ばかばかしい。ユーザーはそんなものは必要としていない。必要なのは、ファイル同期を可能にしてくれるフォルダだけだ。

「でも」とあなたはまだ反論するかもしれない。「大切なデータを同期するんだから。ウィンドウズ・ライブとか、アップルのモバイルミーとか、そういう名の知れたサービスのほうが安心して使えますよね」

ばかばかしい。この地球上に、朝目覚めた途端「ウィンドウズ・ライブのほうが安心かもしれない」なんて焦る人間は1人としていない。ユーザーはフォルダを信頼している。そしてドロップボックスは、同期が可能なフォルダだ。

「でも」とあなたはさらに反論するかもしれない。「フォルダなんて、大昔からある代物でしょう。ウェブの能力をもっと活用したほうがいいんじゃないですか？　HTML5ならファイルのドロップ&ドラッグもできるし、ストレージの使用領域を統計データで示すインターギャラクティック・ダッシュボードも使えるし、RSSフィードやツイートでファイルを公開できるし、会社のロゴだって追加できるのに！」

ばかばかしい。そこまでパソコンを使い倒している人間なんて、この世界にそうそういやしない。そこまでパソコンとべったりなやつがいるとしたら、そいつはきっとIE6だ。パソコンと古いブラウザは仲良しだから。とにかく、ユーザーのデータはすでにフォルダにある。足りないのは同期用のフォルダだけだ。
ドロップボックスはこれを可能にした。

ウルフはこの回答で、フリップの事例が示唆する重要ポイントを明確に指摘している。すなわち、「アイデアをひねる」とは必ずしも製品やサービスの品質を高めることを意味しない、ということだ。そしてもう一点、「消費者の最大の問題は何なのか、イノベーターはいったん立ち止まって考えなければならない」とも指摘している。イノベーターがこれを怠り、思いついたアイデアをすぐさま実践しようとすれば、たちまち方向性を失い、見当違いの問題やありもしない問題を解決するために投資する羽目になるだろう。

では、部下がこのようなミスを犯すのを防ぐために、リーダーは何をすればいいのか。彼らがソリューション開発に没頭しないよう、まずは問題理解に焦点を当てられるよう、適切な習慣と環境を構築・提供すればいいのである[3]。それにより部下が無計画に行動するのを防いで、彼らが試行錯誤を繰り返しながら、真の問題をより分析的に突き止めるのをサポートするのがリーダーの役目だ。

▼体系的に問題を見直すには——コンサルタントから学ぶ

問題はいかに見直せばいいのか。問題解決のエキスパートである大手コンサルティング会社を例に考えてみよう。マッキンゼー・アンド・カンパニー、ブーズ・アレン・ハミルトン、ベイン・アンド・カンパニー、ボストンコンサルティンググループといった大手コンサルティング会社はいずれも、クライアントの問題を解決する能力を売り物にして「企業帝国」へと発展を遂げてきた。

こうした企業に不信感を覚える向きもあるようだが、現実には、コンサルティング会社は適切に活用すれば大いに価値をもたらしてくれる。これは驚くべきことではないだろうか。何しろコンサルタントは、クライアント企業以上にクライアントのことをよくわかっているわけでもなく、実務を担当するのは大部分がビジネススクールを出たばかりの新人なのだから。

では、30歳そこそこの新米コンサルタントは、一体どうやって高額なコンサルティング料にふさわしい価値を生み出しているのか。答えは、きっと問題の見直し方に関係しているはずだ。

第一のポイントとして、マッキンゼーをはじめとする大手コンサルはいずれも、問題分析の重要性を正しく認識している。マッキンゼーの元コンサルタント、イーサン・M・ラジエルとポール・N・フリガが著書『マッキンゼー式 世界最強の問題解決テクニック』(英治出版)で記しているとおりだ[4]。

「コンサルタントなら誰しも、クライアント自身による問題分析を額面どおりに受け止めたい誘惑に駆られるものだ。しかしこの誘惑に負けてはいけない。患者が自らの病状の意味するところを必ずしも理解できないように、企業のマネジャーも組織のどこに問題があるのか正しく分析できないことがある。クライアントの言う問題が真の問題なのかどうかを見極めるには、より深く掘り下げ、質問をし、事実を突き止めるしかない。問題解決プロセスの初期段階で懐疑的な見方を忘れないようにすれば、さらに先の工程で大きな障害に阻まれることはないだろう」

第二のポイントとして、マッキンゼーでは問題の見直しを組織構造の中核的な一要素としている。具体的には、クライアントの問題がどれほど明確に定義されているように見えても、標準化された厳正な分析プロセスを必ず踏んでいる。そして新人に対してはベテラン・コンサルタントが、問題のマッピングや原因特定のプロセスを適切にたどれるよう入念な研修を行っている。このように規律正しいアプローチで問題解決に臨んでいるからこそ（そして、私生活を後まわしにする覚悟があるからこそ）、マッキンゼー出身のコンサルタントは他社から引く手数多なのである。

▼問題を見直すシンプルなアプローチ

マッキンゼーをはじめとする大手コンサルの問題解決モデルはかなり複雑で、われわれの経験から言っても、日常業務にそのまま応用するのは現実的ではない。しかしあきらめることはない。いくつかの原則さえマスターすれば、ごく小規模なスタートアップ企業でもより体系的に問題の見直しを行うことが可能だ。

●**問題の見直しとは何であるかを部下に説明する。** そもそも問題発見とはどのような作業であるかを知らない人も多い。そこでまずは問題の見直しがいかに重要かを説明して、見直しを行う理由を部下に理解してもらう必要がある。本書のウェブサイト（www.IAsUsual.com）に、基本概念をまとめたスライドをご用意したので活用してほしい。

●**部下に問題を書き出させる。** 最もシンプルかつ効果的な問題見直しツールの1つが、解決策の検討に先立って、問題を書き出させる方法だ。チームの各メンバーが別の事柄を問題と考えていれば（よくあるパターンだ）、この方法ですぐにわかる。問題を書き出せば、現状把握のための質問もしやすくなり、より深く掘り下げることも容易になるだろう（115頁「問題を見直す時の質問例」も参照）。

●**5つのなぜ。** 問題を探り、見直す上で、「5つのなぜ」（「なぜなのか？」を5回問うアプローチ）や「根本原因分析」はとても有効なツールになり得る。ここで忘れないでほしいのは、根本原因を明らかにするのが目的ではない点だ。真の目的は、ツールを使って別の視点を養うことである。ジョン・ローランドが開発した「クエストーミング（questorming）」も有益なツールで、問題に関する新たな疑問をブレーンストーミング形式で明らかにすることができる。「クエスチョンストーミング」とも呼ばれるこのメソッドについては、オンラインで詳細を知ることができる。[5]

●**用事《ジョブ》モデル。** クレイトン・クリステンセンとマイケル・レイナーが提唱する「ジョブモデル」

も有益なルーツだ。マーケティングの大家セオドア・レビットの金言「消費者は直径5ミリのドリルが欲しいのではない。直径5ミリの穴を必要としているのだ」にならい、「ジョブモデル」は次のように規定している――「消費者は製品やサービスが欲しいのではない。製品やサービスを使って、所定のジョブが遂行されることを求めているのだ」。つまりイノベーターの役割は、消費者にとってのジョブは何であるのか、それが社会的に、あるいは心理的にどんな意味があるのかを明らかにすることなのである。

● **部外者を巻き込む。**人は過去に使ったことのあるツールをもとに、決まった視点から問題を見ようとする。広報担当者は広報に関する事柄を問題と見るし、人事担当者は人事に関する事柄を問題と捉える。このような集団思考《グループシンク》を回避するには、話し合いの場に異なる視点を持った部外者を招き、その人に問題を見直してもらうといい。

▼ **問題を見直す時の質問例**

部下に問題の見直しを促す際の質問例をご紹介しよう。

● 問題は何か。専用フォーマットに正確に記しなさい。
● なぜそれが問題なのか。
● その問題は、どうしても解決しなければならないものか。

- その問題を、別の言葉や言い回しで表現できるか。3、4種類の別の言い回しを考えなさい。
- その問題は、誰にとっての問題か。それを問題視しない人はいるか。
- そのほかにも、問題に関係する人はいるか。
- 個々の関係者は、その問題をどのように捉えているか（できれば関係者に実際にたずねること）。
- 関係者は現在、その問題をどのように解決（対処）しているか。
- 問題を見誤っている可能性はないか。より根深い問題の一症状を問題と勘違いしている可能性はないか。
- その問題はどのようにして生じるのか、段階を追って説明しなさい。具体的に何が起こるのか。ビデオカメラで映したらどのように見えるか。
- どのような方法で問題を観察しているか。その観察方法は適切か。観察結果に別の解釈を与えることはできないか。
- 問題が生じないケースはあるか。あるとしたら、そのケースに特有の条件は何か。
- 過去に何らかの解決策を講じたことはあるか。その方法で解決できなかったのはなぜか。解決策そのものが正しくなかったのか、それとも、そもそも問題を見誤っていたのか。
- 新たな解決策が提案されている場合、それは問題をどのように解釈しているか。その解釈が正しいという根拠はあるか。

この段階では、問題の定義に部下を専念させることが大切だ。問題定義の作業に慣れていない人は、解決策の検討に真っ先に取りかかろうとするからである。チーム内で共有できる専用フォーマットを用意し、問題と解決策を分けて記すようにすると役立つだろう（119頁**図7**も参照）。

▼問題見直しの実例

問題そのものに焦点を当てたこのようなアプローチに部下が慣れていない場合、問題見直しのプロセスは、学校での演習か何かのように感じられるかもしれない。洞察力を養う分には有益だが、実際に新たなアイデアと格闘している最中には何の役にも立たないと思われるかもしれない。

だが、この見方は間違っている。われわれの経験から言って、問題の見直しはアイデアの試行と同様に実際的なプロセスであり、プロセスをしっかりと身につけるには相当な努力も必要とする。ただしいったん身につけてしまえば、貴重な時間を節約してくれる有益なイノベーション・ツールとなるのだ。

問題見直しのプロセスは実際にどのように活用できるのか、1つの事例をご紹介しよう。われわれは毎年IESEでMBAコースを担当する際、学生に学校生活の改善をテーマとしたイノベーション・プロジェクトの実施を課題として与えている。

数年前のことだ。ある学生チームがちょっとしたアイデアを携えて相談に現れた。学生による紙の消費量を減らすための「意識向上キャンペーン」で、具体的には、プリンターの片面印刷を両面印刷にすることで消費量の削減を目指すという。このキャンペーンの詳細を練る前に、われわれは簡単なブリーフィングを行った。まずは彼らに問題を書き出させた。そして、なぜ学生が両面印刷をしないのかを考えさせた。それから20分程度を費やして、その問題の見直しを行い、別の視点から見ることができないか検討するよう指導した。

以上のステップを踏んだ結果、学生チームは「環境への意識の欠如」という当初問題視していたポイントが、的を射ていないことにすぐさま気づいた。気づいたのは、彼らが自らの行動を振り返ったのがきっかけだった。チームメンバーは環境保護にとても熱心だったが、実際には全員が片面印刷を行っていたのである。

意識の欠如が真の問題ではないのだから、意識向上キャンペーンは何の役にも立たないということになる。では真の問題は一体何なのか。それは、校内のプリンターを使う時、たいていの学生は提出物の締め切りを目前にして焦っているという点だった。焦っているから、片面印刷になっているプリンターの初期設定を変える余裕がない。

こうして真の問題がわかってしまえば、解決策は一目瞭然だった。すべてのプリンターの初期設定を両面印刷に変えれば、紙の消費量はたちまち劇的かつ恒久的に削減できる。**図7**は、プリンターの問題と思われるポイントと、各ポイントに対する解決策をざっくりとまとめたものだ。

図7　観察対象：プリンターで片面印刷をする人が多い

問題と思われるポイント		考えられる解決策
片面印刷が環境に優しくないという自覚が足りない。	→	環境への意識を高める。
そもそも環境への配慮が足りない。	→	価値観の改善を図る。
現状の改善を促すインセンティブがない。	→	インセンティブを検討する（例：紙代を各自が払う）。
焦っていてプリンターの初期設定（片面印刷）を変える余裕がない。	→	初期設定を変える。

　このように問題見直しのシンプルなルーチンプロセスを構築しておけば、アイデアの実践に労力を費やす前に、アイデアについて熟考することが可能になる。すぐさま行動に移るのではなく、いったん立ち止まって考える習慣を部下に身につけさせることで、彼らが間違った道を進み、無益な解決策を追求するのを防げるのである。

　とはいえ、片面印刷のように簡単に分析できる問題ばかりとは限らない。次のセクションで明らかにするように、問題の見直しは、もう1つの方法と組み合わせなければ効果を発揮しない場合が多い。それは、早めに解決策を試行することである。

2. 解決策を試す

バルセロナの陽気で心地よい夜を過ごしていたある日のこと、起業家向けの親睦会で投資家の1人と談笑していると、われわれの会話に若いMBA学生が割り込んできた。学生は2年間かけて、新たなベンチャービジネスの「完璧な」プランを書き上げたという。彼はその場で投資家に、興味がありませんかと水を向けた。投資家はまずこうたずねた。「そのアイデアを、潜在顧客を相手にテストしてみましたか?」すると学生は「その必要性はないと判断しました」と答えた。シェアを2%確保するだけで収支が合う計算だし、財務予測を入念に行ったから問題ないというのである。思ったとおり、学生のその一言で会話は別の話題へと移っていった。

無分別な投資は、多少の分析を行えば避けられる。同様に、新たなアイデアをさらに突き詰めて考えるには、実地に試す以上に有益な方法はない。このMBA学生がいい例だが、世の中にはアイデアをひたすらこねくり回すのが好きな人種がいる。機会さえあれば、たっぷりと時間をかけて(できればひとりきりで)アイデアを練りまくる人たちだ。彼らは実地にアイデアを試すことをしない。完璧に仕上がっていないものを他人に見せたり、試したりするのを、本能的に避けようとする。

残念ながら、このようなアプローチは確実に時間と労力を浪費する。新たなアイデアが生まれた時、イノベーターは、プロセスの最終工程で「評価」代わりに試行を行ってはならない。アイデアの試行はあくまで、むやみに労力を投じる前にアイデアを「ひねる」ために行うべきものだ。

従ってここでのリーダーの役割は、アイデアがすっかり熟す前に試行し、共有するよう部下に促すことだと言える。あらゆるアイデアは、いずれ現実と衝突しなければならない。アイデアがその時を迎えるのをただ待つのではなく、部下が率先して、アイデアと現実との衝突を迅速に、繰り返し行えるよう支援する必要がある。その際に効果を発揮するのが、2つの「アイデアをひねる」アプローチ――ラピッド・プロトタイピングと定期的なフィードバック――だ。

▼プレハイプの事例――ラピッド・プロトタイピング

ラピッド・プロトタイピングは今やイノベーターにとって当たり前のアプローチだ。とりわけ、デザイン思考と呼ばれる手法を支持する人の間では、積極的に用いられている。絶大な影響力を持つデザイン・ファーム、IDEOが普及させたラピッド・プロトタイピングは、手元にある粘着テープなどの材料を使って製品の実物大模型を作り、それを実地に試すことで、アイデアの詳細を検討するというものだ。

ニューヨークに拠点を置くイノベーション・ファームのプレハイプは、ラピッド・プロトタイピングを率先して行っている。その中核事業は、スタートアップ企業の設立支援と、大企業向けの製品開発コーチングだ。クライアントにはコカ・コーラやインテル、米大手教育会社のカプラン、ベライゾンといった有名どころが名を連ね、各社のアイデア追求プロセスを支援している。

特筆すべきは中核事業の1つであるスタートアップ企業の設立支援で、プレハイプの手に掛かればクライアントは、自社のスタッフとアイデアだけでわずか数カ月後には新たなスタートアップを設立できてしまう。その際プレハイプでは、職場環境やプロセスの改善、サポートシステムの構築といったサービスも同時提供し、クライアントの迅速なイノベーション実現を後押ししている。その過程で同社が最も重視するのがプロトタイピングだ[6]。プロトタイピングについて、共同創業者のヘンリク・ヴェルデリンは次のように説明している[7]。

「わが社では、新たなオンライン・サービスの開発を目指す企業への開発サポートを行っている。クライアントだけだとどうしても付加価値や競争優位性、ユニーク・セリング・プロポジション（UPS）について延々と話し合いを続けがちで、結論が出ないことがある。そういう場合は彼らがアイデアの核となるものをつかめるよう、ウェブサイトの『実物大模型』を作ってみせることにしている。この模型を使い、『御社のキャッチフレーズを7単語以内で考えてみてください』とクライアントに促す。そこでようやく、本当の意味での話し合いが始まることになる。

つまりプロトタイピングは、イノベーターに製品の姿を明確に捉えるきっかけを与えるものだと言える。実物大模型さえあれば、潜在顧客や提携先にどんな製品か見せ、開発プロセスを容易に進められる」

ウェブサイトの実物大模型は、プロトタイピングの一例にすぎない。ＩＤＥＯなどの企業が示してきたように、創造性を身につけた企業にとって、費用をかけず迅速にアイデアを試すのは難しいことではない。第2章で紹介した接着剤の新製品E850のエピソードが好例だろう。ライフサイエンス企業DSMのチームはオープン・イノベーションを試みた際、そのために最新のITシステムを導入したりはしなかった。パワーポイントで資料を作成し、オンラインで公開しただけだった。

果たして皆さんは、部下にアイデアの試行やプロトタイピングを促せるだろうか。皆さんの部下は、シンプルでリスクの少ないアイデア試行法を考案できるだろうか。そして試行結果から学び、無益な投資を事前に回避することができるだろうか(8)。

▼カールスバーグ――ビールケース事件

ビール醸造大手カールスバーグは数年前、主力商品の1つである「カールスバーグ・ピルスナー」のボトルとケースデザインの刷新を決定した。本国デンマーク市場を対象に、ニューデザインを通じてブランド力の向上を図るのが狙いだ。そのために同社は今まで以上にフレッシュでモダンな見た目を打ち出し、国内外でのパッケージの統一も行った。

ところが、いざニューデザインを展開し始めてみると、ごく基本的なポイントを抑えていなかったことに気づかされた。保管スペースである。国内のバーやナイトクラブでは、カールスバーグのビールケース用に特注の保管スペースが設けられている。一番人気のビールを、バーテンダーがすぐに取り出せるようにするための工夫だ。しかし新しいビールケースはこの保管スペースに合わなかった。保管スペースに合わせてケースの実物大模型を作って確認しなかったためだ。しかも、このミスに気づいた時にはすでにニューデザインを全国展開してしまっていた。

その他の要因も重なって、保管スペースの問題はカールスバーグ・ピルスナーの売上の減少を招き、わずか数カ月後には25％減まで落ち込んだ。最終的に同社はニューデザインを取り止め、旧デザインのボトルとケースを再導入。そして顧客であるバーやナイトクラブに対しては、「Kvajebajer」を申し出た。Kvajebajer とは他人に迷惑を掛けた時などによく使われるデンマーク語で、「お詫びのしるしにビールをおごるよ！」という意味である。この事件は今や社内で伝説となっている。アイデアの実践前に実地にテストするのを忘れた同僚がいれば、「ビールケースの二の舞だぞ」などと注意するのが今では同社の習わしだ。

▼批判的フィードバックの活用——自己満足で終わらせないために

アイデアをひねるためのツールとしては、プロトタイピングをはじめとする実地的なアプローチのほかに、アイデアを批判的なフィードバックに定期的にさらすという方法がある。批判というと聞こえは悪いが、アイデアの形成過程では欠かせないものであることが研究により明らかにされている。批判を耳に入れなくてもよければ、確かに気分よく仕事ができるだろう。しかし批判にさらされている人のように、アイデアをより優れたものへと進化させることはできない。

にわかには信じがたいという人もいるかもしれない。だがイノベーションを目指す時、人はしばしば自己満足の落とし穴に陥るものだ。この穴が深くなると、イノベーションは常に楽しく追求しなくてはいけない、辛い体験であってはならないと思い込んでしまう。そうしてゲーム感覚の楽しさばかりを追い求め、批判や意見の対立は創造性を損なうものとして退けるようになる。

イノベーションを「社員のやる気を引き出すツール」と考えるような企業では、こうした傾向が顕著に見られる。日常業務では社員のやる気を引き出せないから、イノベーションに頼ろうとする企業だ。

批判的な意見など避けるに越したことはないと思うかもしれないが、それは間違いだ。過酷なイノベーション・プロセスは多くの見返りをもたらすが、ゲーム感覚でいれば見返りなど得られない。われわれがかかわった優れたイノベーション・プロジェクトはいずれも、楽しい反面、批判や意見の対立や挫折に満ちており、時には言い争いに発展することさえあった。こうした側面は愉快なものではないし、なるべく減らすようにもできるだろう。

だが、完全に避けようとするのは大きな間違いだ。批判はイノベーション・プロセスを頓挫させるものではなく、「アイデアをひねるのを助けるツールの1つだ。大切なのは、そのような批判を受け入れる方法を模索することなのである。

▼有益な批判の促進――ピクサーのアプローチ

「アイデアをひねる」ためのフィードバックを体系的に活用している例として、ピクサーのケースを見てみよう。大ヒット映画を量産する類まれな能力を備えたピクサーは、ハリウッドの寵児《ちょうじ》として、そしてイノベーションのエキスパートとしてよく知られている。

同社のエド・キャットムルCEOが自社のワーク・ルーチンについてまとめた文献にあるように、同社の成功の一要因として、社員間での誠実なフィードバック体制を挙げることができる。(9)たとえば「デイリーズ」と呼ばれる社内レビュープロセスがある。デイリーズでは社員の1人ひとりが、その日の作業内容を完成度にかかわらず報告し合う。このプロセスを通じてピクサーでは、社員が間違った方向に進んで無駄な時間と労力を費やすのを事前に防いでいる。(10)

とはいえ、定期的なフィードバックだけでは十分とは言えない。そこでピクサーの場合は、専門家集団が助言などを行ういわゆる「ブレーン」の体制も敷いている。ピクサーのブレーンは、映画の製作責任者が支援を必要とした時にフィードバックを提供する。ただしキャットムルが言うように、同社のブレーン・システムは民主主義ではない。主導権を握るのはあくまで製作責任者だ。キャットムルの説明を見てみよう。

「ブレーンとのセッション後、助言に基づいて方向性を決定するのはあくまで映画の製作責任者と彼が率いるチームだ。ブレーンには、強制力や権限は一切ない。このような力関係は極めて重要だ。この力関係があるからこそ、ブレーンは専門家としての率直な意見を自由に述べられる。

一方の製作責任者も、自由に助言を求め、十分に検討することが可能になる。とはいえ、わが社もすぐにこのようなメリットを認識できたわけではない。技術的領域にブレーン・システムを導入した当初は、まったくうまくいかなかった。やがてその理由に気づいた。ブレーンにさまざまな権限を与えていたのが根本原因だった。そこで、『ブレーン・システムはあくまで、同僚同士でフィードバックを与える場である』と明確に社員に伝えた。するとたちまち力関係に変化が現れ、ブレーン・システムの効果も劇的に改善された[11]」

批判を有益なツールとして活用するには、ピクサーのアプローチを見習えばいい。そのためにはまずフィードバックを（毎日でなくてもいいから）定期的に行い、未完成のアイデアを部下に共有させること。それによってフィードバックのプロセスを一触即発の危険な試みから、気軽に行えるアプローチへと変えることができる。それができたら、アイデアの発案者に可能な限りの権限を与えることも大切だ。その際ほかの社員には、フィードバックは共同意思決定のためのプロセスではなく、アイデアの発案者によるより良い意思決定を支援するためのものであることを明確に伝える必要がある。

プレハイプのヘンリク・ヴェルデリンは、民主的なアイデア改良アプローチがはらむ危険性について、次のように説明している。「新製品の開発時には、細部の意思決定をより良いものにしようとするよりも、製品としての一貫性を重視することのほうが大切だ。新しい製品やサービスを作り上げる際にありとあらゆる意思決定を最適化しようとすれば、できあがった製品は方向性がまったく定まらず、誰の関心も得られない。従って正しいアプローチは、まずは1つの統一的なビジョンに基づいてさまざまな意思決定を下すこと。その上でアイデアの試行やプロトタイピングを繰り返し、小さな誤りを修正していくのが望ましい」

▼アイデアの正しい試行法とは

2009年1月、米飲料大手トロピカーナは主力商品の1つであるトロピカーナ・ピュア・プレミアムの刷新を試みた。改良点はいろいろあったが、オレンジにストローが刺さった独特のパッケージデザインをやめ、PBブランド商品のようなあっさりとしたデザインを新たに採用したのが目玉だった。

ニューデザインに対する市場の反応は、控えめに言ってもかんばしくなかった。ニューデザイン投入からわずか1カ月半の間に、同商品の売上は安定市場で20%も低下。最終的にトロピカーナは、同年2月末には旧デザインの再導入を強いられることになった。おそらくこれは、パッケージデザインを元に戻す事例として近代最速のケースだろう。

以上の結果から、トロピカーナはニューデザインの導入前にアイデアの試行を行わなかったのだろうと皆さんは思うかもしれない。だがそうではなかった。コカ・コーラが味を大幅変更したニュー・コークを発売して大失敗を犯して以来、飲料業界では、事前にテストを行うのは当たり前になっていた。事実、トロピカーナの親会社であるペプシコによれば、トロピカーナもニューデザインの導入前に消費者テストを実施しているのである。

ペプシコではテスト・プロセスの詳細を把握していないため、具体的に何が起こったのかはわからない。しかしニューデザインの導入により直ちに売上が20％も低下することが予測できなかったのなら、プロセス自体に問題があり、本当の意味でアイデアをテストできなかったと考えられるのではないだろうか。イノベーションの設計者である皆さんは、「事前のテストを行った」という既成事実を作るためではなく、アイデアの真価を正しく判断するための、真のテストの実施を部下に促さなければならないのである。

また、イノベーション・プロセスを通じた定期的なテストの実施を怠ると、部下がテストを軽視する傾向が強まるので注意が必要だ。リーダー自身が、テストを開発ツールの1つとしてではなく、プロセスの最終工程で使う評価ツールとみなすようになったが最後、部下がテストを軽んじる危険性が高まる。あるいは無意識のうちに、望む結果が得られるようにテストを操作する者が出てくるはずだ。

▼問題の見直しと解決策の試行

本章では、部下にアイデアの改良を促す2つの方法について考察した。問題の見直しと、解決策の試行だ。2つのアプローチは並行して行うべきもので、それによって見直し後の問題と改良後の解決策とが相互に補完し合えるようになる。

もちろんアイデアの性質次第では、どちらか一方を重視すべきケースも考えられる。たとえば、プロトタイピングがわずかなコストで安全にできるアイデアであれば、解決策の試行錯誤に重点を置くのが適切だろう。反対に、むやみな試行錯誤には向かないイノベーションもある。試行が困難な、あるいは危険なアイデアの場合、もしくはいったん変更を加えたら元に戻せないアイデアの場合、事前のテストに移る前にまずは問題を深く掘り下げるほうが理にかなっている。弾が1発しかない場面では、「構え、撃て、狙え」式のアプローチ（「構え、狙え、撃て」ではなく）はあまり適切とは言えない。

まとめ

- プロトタイピングによって、コストをかけず、可能な限り迅速に、実地に試行するよう部下に促す。ミーティング時にも、パワーポイントの資料ではなく実物大模型を活用する。
- アイデアの試行が適切に実施されるようなシンプルなメカニズム、あるいは強制的に試行させる体制をつくる。たとえば、実施風景をビデオ撮影して提出しなければ、次の工程への予算を配分しないなど。
- 「ジョブモデル」を活用して、消費者ニーズのあらゆる側面を明らかにする。
- 部下による体系的な問題の見直しをサポートする。問題と解決策を分けて書き込める専用フォーマットを用意するなど、シンプルなサポートツールやプロセスを構築する。

- 未完成のアイデアを常に共有し、気軽にフィードバックを行えるようなルーチンを構築する。

たとえば、毎週の進捗報告会など既存のミーティングに、フィードバックの機会を盛り込むことが可能だ。批判的な意見も推奨するべきだが、フィードバックはあくまでフィードバックにすぎないことも周知させること。アイデアの発案者は、必ずしもフィードバックを取り入れる必要はない。参考にするだけでいいのである。

第4章　アイデアを選ぶ

［本当に価値あるアイデアを選別するには？］

医学教授で未来のイノベーターであるヨハン・クラインは、34歳の若さで病院経営に携わり、功績を上げていた。それは見事な仕事ぶりで、1822年にはウィーン総合病院の病院長という栄えあるポストに就き、2つの産科病棟を監督するまでになった。

就任後、クラインはいくつかの画期的な改善プロジェクトを実施。それらはのちに世界中の病院に導入され、クラインは医療業界きってのイノベーターとして名をはせることになる。20年を経たころには、クラインの優れた手腕の下、ウィーン総合病院は世界有数の医療機関に名を連ね、才能あふれる若い医師を各国から招くまでに成長を遂げた。

しかし今日、医療業界に対するクラインの貢献はおおむね忘れ去られている。その名が出ることがあっても、イノベーターとしてではなく、イノベーションの「抗体」として紹介されるばかりだ。理由は1847年の出来事にある。

クラインの部下の1人に、センメルヴェイス・イグナーツ・フュレプという名のハンガリー移民の若い医師がいた。センメルヴェイスには極めて異例のアイデアがあった。当時、ウィーン総合病院ではいわゆる産褥熱《さんじょくねつ》により毎日のように妊婦が命を落としており、新生児が亡くなるケースもあった。しかし産褥熱の原因は誰にも突き止められなかった。予防不可能な疾患であり、従って研究の価値はないというのが、医療業界の一般的な見解だった。

しかしセンメルヴェイスの見方は違った。院内に2つある産科病棟のうち、一方の死亡率が著しく高いことに着目した彼は、入念な実験を繰り返し、問題点を突き止めることに成功した。死亡率が低いほうの産科病棟には、看護師だけが出入りしていた。ところが死亡率が高いほうの産科病棟──妊婦のなかには、そちらの病棟には入りたくないと医師に懇願する者もいた──には医学生も出入りしていた。しかも彼らは、遺体の検視後、その足で妊婦の診察に向かうこともあった。

センメルヴェイスは研究を重ね、世界で初めて産褥熱の病原菌を特定した。そうしてカルキを使った手洗いを励行し、ほぼ一夜にして、しかも独力で、病棟から産褥熱を駆逐したのである。

ゲートキーパーが誤った判断を下す時

残念ながら、話はこれで終わりではない。優れたアイデアを発案するだけで成果を上げられるのなら、センメルヴェイスの物語はめでたし、めでたしで終わっただろう(1)。しかし広く普及するには、アイデアは発案者だけではなく他者によっても認知されなければならない。

ヨハン・クラインがイノベーションの「抗体」という不名誉な呼び名を与えられたのも、センメルヴェイスのアイデアをあっさり却下したからだった。部下が丹念に集めたデータを見ても、クラインは手洗いの導入を許可しなかった。しかもセンメルヴェイスの契約更新の時期が来ると、クラインは雇用打ち切りを決め、より若くて揉め事を起こしそうにない、カール・ブラウンという医師にセンメルヴェイスのポストを与えた。

後釜に座ったブラウンは、ほどなくして産褥熱の原因に関する論文を発表し、業界で大いに賞賛を浴びた。彼の挙げた原因は冷気や粗食、妊娠そのものを含め30項目にもおよぶ。センメルヴェイスの指摘した原因（医学生と検視体との接触）は、28番目に記されていた。

以後、ブラウンの見解が業界の通念となったが、1867年になって英国人医師ジョセフ・リスターが発表した論文が、殺菌消毒剤の重要性を証明。医療の新時代を切り開くと共に、センメルヴェイスの名誉を回復させ、クラインの名誉を失墜させた。しかし多くの人々にとって、この新たな認識は手遅れも甚だしいものだった。

優れたゲートキーパーとは

イノベーション・カンファレンスに1度でも参加したことがある人なら、「イノベーションの抗体を社内から駆逐することさえできたら、ずっと話は簡単なのに」という愚痴をきっと耳にしているはずだ。アイデアを却下された経験のある若く血気盛んなイノベーターなら、そんな風に思うのも仕方がないかもしれない(2)。

だが現実には、抗体は必要なものだ。アイデアの大部分はゴミであり、ヒトの免疫システムが細菌やウイルスを攻撃して健康を維持しているように、企業のゲートキーパーもゴミのようなアイデアを駆逐して組織が侵略されるのを防ぐという非常に重要な役割を果たしている。もちろん、センメルヴェイスの事例のように、組織内のゲートキーパーが間違った理由から優れたアイデアを駆逐してしまうことも時にはある。だからと言って、抗体（ゲートキーパー）を駆除することを課題としてはいけない。目指すべきは、優秀なゲートキーパーの育成だ。

本章では、日常のイノベーションのための4つめの行動「アイデアを選ぶ」において、ゲートキーパーがその能力を最大限に発揮するのをいかにして支援すべきかを考察したい。なお、ゲートキーピングというプロセスは、イノベーション・チーム内で行うアイデアの評価プロセスとは異なるので注意してほしい。イノベーターは新しいプロジェクトに着手後、絶えずアイデアを評価し、不要なものがあれば捨てている。

本書のさまざまなアドバイス（焦点を絞り込む、部下と顧客をつなぐ、アイデアを試す）は基本的に、イノベーション・チームの一員により多くの知識を与える手法を説くものだ。そうした知識を蓄えることによってチームメンバーは、限りあるリソースを適切に投じられるよう、各自で正しい判断を下すことが可能になる。

けれどもあらゆるアイデアはいずれ、イノベーションの実践に直接かかわっていない人物、つまりゲートキーパーによる評価を受けなければならない。イノベーションの設計者は、ゲートキーパー（先の例で言えばヨハン・クライン）が組織内で生まれたアイデアについて正しい判断を下し、優れたアイデアを支援する一方で、ゴミのようなアイデアを駆逐できるよう、適切な環境を構築しなければならないのである。(3)

アイデアを選ぶ4つのアプローチ

幸いにもアイデア選別については、R＆Dの関係者たちがこれまでにさまざまな発見をもたらしてくれている。本章のアドバイスの大部分は、イノベーション研究の第一人者として知られるロバート・G・クーパーらによる製品開発に関する研究をベースとしたものだ。クーパーをはじめとする研究者たちは、いわゆる「ステージゲート法」を主に使い、企業のR＆Dマネジャーがより良いアイデア評価プロセスを構築するのを支援してきた。

ここでのイノベーションの設計者の役割は、彼らの知見を日常のマネジメント業務に適用することである。日常業務のなかでは、新たなアイデアの評価がでたらめに行われてしまうケースが多いからだ。たとえば、企業の生産性に関する調査組織・i4cp（Institute for Corporate Productivity）のジェイ・ジャムログが2011年に世界各国で実施したアンケートでは、「体系的なアイデア選別アプローチが社内にない」との回答率が44・9％に達している。(4)

本章では、ゲートキーパーがより良いアイデア選別を行うための4つの戦略をご紹介したい。

1．**意思決定の環境管理**
2．**最も優れた意思決定者の任命**
3．**評価基準の見直し**
4．**評価プロセスの定期的な調整**

1．意思決定の環境管理――決定そのものは管理しない

ここまでの章で述べてきたとおり、部下のイノベーションを支援する際のカギは、部下自身を変えるのではなく、彼らの働く環境を革新的な行動に適したものへと変えることにある。この原則は、ゲートキーパーにも当てはまる。ゲートキーパーのアイデア選別力を向上させたければ、まずは彼らの意思決定環境に目を向け、プロセス全体や背景が適したものかどうかを確認しなければならない。ここでは具体的にわかりやすいように、実在のイノベーションの設計者による、意思決定環境の改善事例を見てみよう。

▼インデックス・ベンチャーズのデヴィッド・ライマー

アイデア選別のエキスパートを探しているなら、ベンチャー・キャピタル（ＶＣ）にあたるのが一番だ。スタートアップ企業に投資を行う彼らは、当然ながら投資先の事業をたっぷり時間をかけて評価する。次から次へと生まれるスタートアップのなかから、勝者になり得る少数を選べるかどうかが、ＶＣの成功を大きく左右する。毎日のように数百ものビジネスプランを投資先として検討しては、却下しているＶＣが大半だ。

ジュネーブを拠点とする従業員数45人のインデックス・ベンチャーズは、好業績なＶＣとして有名だ。１９９６年設立の同社は、スカイプをはじめとするスタートアップの成功企業に初期段階から投資を行ってきた。財務実績という観点から見ても、米国内の同業中、上位10％に位置している。特に大きな成功を収めた案件では、インデックス・ベンチャーズとその出資者は投資額の40倍の運用益を得ている。近年の投資対象には、創造性に富むさまざまなスタートアップが含まれる。フリップボード（Flipboard）、パス（Path）、サウンドクラウド（SoundCloud）、ＭＯＯ、ベットフェア（BetFair）、ラブフィルム（LoveFilm）、ドロップボックス。手帳のような日用品でも高値で売れるベストセラーになり得ることを証明したモレスキンも、インデックスの投資を受けている。

インデックス・ベンチャーズの成功の秘訣の1つとして、投資先候補の評価プロセスのために最適な意思決定環境を構築している点が挙げられる。それがどのような環境であるかは、同社の経営パートナーであり、イノベーションの設計者でもあるデヴィッド・ライマーの役割から一目瞭然だ。

　平均的なVCでは、いわゆるパートナーが交渉を担当し、それ以外のスタッフが経営にまわる。だがライマーはパートナーと共にインデックスを設立した際、他社とは異なるアプローチを取った。[5]「経営のように重要な業務を、交渉の付随業務のように扱うわけにはいかないと考えた。そこで私が〝経営パートナー〟になり、経営業務にも十分に注力できる環境を作った。その一環として、社内の意思決定プロセスの継続的な見直し、改良、評価も行っている。おかげでパートナーはもちろん私自身も、可能な限り正しい判断を下すことができている」

　一例として、VCが投資先の株式売却により利益を得る、いわゆる「エグジット」時の意思決定について見てみよう。たとえば、インデックスが株式を保有する有望なスタートアップが株式上場したとしよう。ライマーとパートナーらは、このスタートアップが果たしてどの程度成長できるか、そのポテンシャルを評価しなければならない。株式買収のオファーがあったとして、今すぐに応じるべきか。それとも株価が上がると判断して、売却を見送るべきか。見送った場合、投資金は2倍になって戻ってくるか、5倍になって戻ってくるか、それとも株価の下落によって半減してしまうか。

インデックスの過去の取引記録を調べたライマーは、ある明白な傾向に気づいた。エグジットのタイミングが遅すぎるケースが多かったのである。株式を保有し続けたり、好条件の株式買収提案を却下したり、場合によってはM&A提案を退けたりした結果、投資価値が著しく減じている事例がいくつか見られた。もちろんこうした失敗はどんなVCでも犯し得る。しかしインデックスの場合、この手の失敗が目に付く一方で、時期尚早なエグジットの例は少ないという傾向が確認された。検討を重ねたライマーは、問題点を次のように定義した。(6)

「問題は、意思決定プロセスにあった。わが社では各投資先について、パートナーの1人（多くの場合、その投資先を見つけた者）が『リードパートナー』となり、そのリードパートナーが投資先に関するあらゆる側面で最終的な決定を下すのが、通常のプロセスとなっている。投資先のことを最もよく理解しているのはリードパートナーなので、当然ながらこのやり方はうまくいく。

ただしエグジット案件に限っては、リードパートナーが極端に楽観的になるのが常だった。投資先を自ら見いだし、成功へと導いてきたリードパートナーは、投資先に愛情を注ぐようになるらしい。その結果、客観的な事実に基づく推論を退け、投資先に大きなポテンシャルがあると判断してしまうのである」

▼アイデアをふるいに掛ける――職場環境の最適化

判断の質を向上させるために、ライマーはエグジット・プロセスの変更に取りかかった。

「さまざまなアプローチを試みたが、すべてが奏功したわけではない。たとえば、票決プロセスに信頼できる外部の人間に参加してもらう方法を試してみた。だがうまくいかなかった。結局、外部の人間は投資に一切かかわっていないので、判断を下す際に間違った方向にバイアスが掛かってしまうらしい。そこでこの方法はやめて、別のアプローチをさらに試し、ようやく適切なモデルを発見した。現在、わが社ではあらゆるエグジット案件に専任の委員会が付いている。リードパートナーも委員会に参加できるが、議決権は持っていない」

ライマーのエピソードから得られる教訓は、インデックスにおける意思決定環境の具体的な構築方法ではない。最適な構築方法は、組織によって異なる。彼のエピソードが教えてくれるのは、イノベーションの設計者が取るべきアプローチ――すなわち、ゲートキーピング・プロセスの分析、見直し、改良である。

- **組織内のゲートキーピング機能を分析する。**アイデアを捨てすぎる、あるいは受け入れすぎる傾向はないだろうか。ゲートキーパーがリスクの小さな（または大きな）アイデアばかりを選ぶ傾向はないだろうか。
- **他部署（または競合他社）がどのようにしてアイデアをふるいに掛けているかを研究する。**組織内に、アイデアをふるいに掛けるのが上手な部署はないか。彼らと自部署のアプローチの違いは何か。

●ゲートキーピング・プロセスの変更を実験する。たとえば、2種類のプロセスを同時に試み、別の手法のほうがうまくいくかどうか試してみる。

意思決定環境の改良方法はほぼ限りなくあり、中には驚くようなアプローチも見られる。たとえば、ゲートキーパーにプロセスの一部を「隠す」ことで、より良い意思決定が可能になる場合もある。クラウディア・ゴールディンとセシリア・ラウズによる研究から、その好例をご紹介しよう(7)。オーケストラにおける、女性奏者採用時のバイアスを取り去った例だ。

オーケストラのオーディションで男性が審査を行う場合、「女性奏者は劣っている」という意識がある。そのため、一部のオーケストラでは女性奏者が1人か2人しかいなかった。ところがオーディション・プロセスをほんの少し変えるだけで、女性奏者の採用率が上がった。衝立《ついたて》を置き、床にじゅうたんを敷くことで、奏者の性別がわからないよう、また、パンプスが硬い床にあたる音が聞こえないようにしたのである。

企業でも、ゲートキーパーからプロセスを「隠す」ことで効果を上げられる。複数の企業にアイデア管理システムを導入してきたイマジナティックの前CEOであるマーク・トゥレルによると、発案者を明示したアイデアよりも匿名のアイデアのほうが、3倍大きな成果を上げられるという。人は匿名だと、社内政治的にはデリケートでも極めて優れたアイデアを提案できるからだ。

また匿名なら、クラインとセンメルヴェイスのケースのように、ゲートキーパーが嫌いな人物の優れたアイデアを却下することもなくなる。皆さんは、アイデア選別の環境にどんな改良を与えることができるだろうか。

▼破壊的なアイデアのための専用ルートを用意する

本章は主として、クレイトン・クリステンセンの言う「持続的イノベーション」を対象としている。既存ビジネスの持続と成長を促す持続的イノベーションに対し、既存ビジネスを再構成したり、時には破壊したりするアイデアは「破壊的イノベーション」と呼ばれている。破壊的なアイデアは、市場だけではなく業務プロセスまでをも破壊することがある。そのため、ゲートキーパーが破壊的なアイデアを却下したり、より平凡なアイデアに変えたりといった現象が起こりがちだ。

このような問題を回避するためによく用いられるのが、2つのルートを設ける方法だ。破壊的なアイデアが通常のゲートキーピング・プロセスを迂回して、バイアスの掛かった判断を回避できるようにするのである。イノベーションの設計者である皆さんのここでの役割は、社内にそのような専用ルート、あるいは回避手段があるかどうか、スタッフがそのルートの存在を知っているかどうかを確認することだ。

専用ルートがなかったら、ごく簡単に構築することができる。多くの企業がやっているように、

図8　企業におけるアイデアの評価方法の状況

「どのようにしてアイデアを評価していますか？」への回答（ひとつ選択）

特に決まったアイデアの検討・評価手法はない	44.9%
いくつかのアイデア検討・評価手法を導入している	27.4%
社内に独自のアイデア検討・評価プロセスがある	8.7%
アイデアを発案したチームのマネジャーが検討・評価を行う	7.2%
発案したチームが自らアイデアを検討し、プロセスを管理する	5.2%
アイデアの導入によって最も大きな影響を受けるチームが検討・評価を行う	4.8%
その他	1.8%

出典：Jay Jamlog, *Innovate or Perish: Building a Culture of Innovation* (Institute for Corporate Productivity, 2011).

破壊的アイデアの発案者がCEOに直接メールを送れるようにすればいい(8)。皆さんの部署内で破壊的なアイデアを実践するのが不可能だとしても、そのアイデアが上層部の評価を経て、どこかで生かされるように支援することは十分に可能だ。

2. 最も優れた意思決定者の任命

どのような選別プロセスを取るにせよ、カギを握るのは、「誰が」それを行うかだ。ゲートキーパーの性質は彼らが取るアプローチと同様、選別結果に大きな影響を及ぼす。

i4cpは2011年に実施した大規模なアンケートで、さまざまな企業におけるアイデア評価の手法をまとめている（**図8**）。

アンケート結果から明らかなように、主流のアイデア評価手法というものは存在しない

（「特に決まった手法はない」のが主流と言えば主流だろうか）。では、意思決定者を決める際に最も考慮しなければならないのは何か。それは、各自の立場から生じるバイアスだ。センメルヴェイスのエピソードを踏まえれば、どんなゲートキーパーでも良い要素と悪い要素の両方を意思決定の場に持ち込む可能性があることが、おのずとわかるはずだ。

●**直属の上司。**直属の上司にアイデアを評価してもらうのは、妥当かつ簡単だ。アイデア選別手法が特に定まっていない企業では、この方法が事実上のスタンダードだろう。ただし直属の上司の判断にはさまざまなバイアスが掛かる可能性がある。クラインのケースでは、センメルヴェイスの考えが正しければ、クライン自身の評判が損なわれる恐れがあった。医学生による検視はクラインが導入したイノベーションの1つで、彼の名声の大きな柱だからだ。クラインは、このイノベーションがもたらし得る結末は予測していなかったかもしれない。だが名声に傷がつく恐れは抱いており、それでセンメルヴェイスのアイデアを無意識のうちにも、意識的にも、却下するに至ったのだろう。

また、ターニャ・メノンとジェフリー・フェファーによる研究が示唆するように、マネジャーには部下のアイデアを否定する傾向がある。[9] 外部から新たなアイデアを得るならまだしも、直属の部下のアイデアを採用すれば、マネジャー自身の立場がないと考えるからだ。

●**影響を受ける人たち。**アイデアの導入によって影響を受ける人たちにアイデアの評価をしてもらうのは、当然ながら理にかなっている。しかしこの方法だと、優れたアイデアが却下される恐れもある。その人たちにとって、アイデアの導入が不都合をもたらすこともあるからだ。センメルヴェイスのケースでは、他病棟の医師の多くが手洗い励行に反対した。合理的な理由があったわけではない。ただ、カルキで日に何度も手を洗うのが面倒だったからだ（現在でも医師は手洗いを嫌う傾向があり、病院職員が病原体の運び役となる院内感染率はかなり高い）。

アイデアの導入によって、「面倒」程度では済まない不都合が関係者にもたらされる場合もある。たとえば英アルコール飲料会社ディアジオでは、ウォッカブランド「スミノフ」のマネジャー陣が、スミノフをベースとしたカクテル飲料の新製品、「スミノフ・アイス」の導入を拒否したことがある。カニバリゼーションを起こしてウォッカの売上が減少し、さらにはマネジャー陣のボーナスの引き下げにつながる恐れがあったからだ。

ディアジオがマネジャー陣に決定権を委ねていたら、スミノフ・アイスは日の目はもちろん、バーやナイトクラブの薄明かりも見ることができなかっただろう。最終的に同社は新製品を導入し、シェアの拡大が難しいアルコール飲料市場で新たな成長カテゴリーを創出できたのである。

● **独立したレビューチーム。** 独立したレビューチームなら、より客観的にアイデアを評価できる。ただしそのためには、異なるバックグラウンドを持った複数のメンバーを集め、個人的なバイアスや、立場から生じるバイアスを軽減しなければならない。一方では、そのアイデアの専門領域に深い知識を持った人物の主観性が必要になる場合もある。独立したレビューチームはアイデアの専門領域に精通しておらず、深い知識に欠けることが多いため、間違った判断や浅はかな判断を下してしまいがちだ。

あるいは、大胆さに欠けるが実現可能性の高いアイデアよりも、大胆だが実現可能性の低いアイデアを好む傾向もある。クラインのケースでは、センメルヴェイスは自らの研究内容をまとめて、欧州の著名医師らに手紙を送っている。しかし手紙を受け取った医師たちは、クラインと違ってセンメルヴェイスの専門分野への知識がなかった。そのため評価基準も、センメルヴェイスの「名声のなさ」くらいしかなかったのである。[10]

▼適切な組み合わせの発見

以上の例から明らかなように、アイデアの評価者を決める際の、唯一の正しい方法というものは存在しない。誰が評価者になっても、判断には独自のバイアスが掛かることになる。それでも、以下のような手法でゲートキーピング・プロセスを改善することは可能だろう。

●**異なるバイアスを持った複数の評価者を任命する。**さまざまなバイアスを軽減したければ、必ず2人以上でアイデアを評価し、複数の目でアイデアを検討してから判断を下すようにすればいい。このプロセスを民主的に進める必要はない。最終的な判断を下すのが1人の評価者であっても、その人が単独で評価せず、周囲の意見を取り入れた上で判断するのなら問題ない。また優れたアイデアが却下された場合にも、評価者が複数いれば、他部署などで改めてそのアイデアを検討することができる。

●**別の意思決定者を試してみる。**マネジャーは必ずしも最高の意思決定者とは限らない。ほかの誰かに意思決定を委ねたり、ゲートキーピング・プロセスにおいて強い発言力を与えたりしてみてはどうだろうか。たとえばグーグルでは新しいアイデアを提案するプログラマーに対し、できるだけ多くの同僚の協力を要請するよう、また、グーグルラボを通じて一般消費者を巻き込み、アイデアの市場テストを実施するよう推奨している。

アイデアへの資金調達サービスを提供しているウェブサイト「キックスターター」では、資金提供を受けられるアイデアを選ぶのにクラウドファンディングを活用している。皆さんも、ゲートキーピング・プロセスの一部または全部の外注を検討してみてはどうだろうか。

●**ゲートキーパーに直接アイデアを体験させる。**アイデアのなかには、パワーポイントでは十分に説明しきれないものや、門外漢には理解されずにすぐに却下されてしまうものもある。この問題への応急措置として、プレゼン内容だけを評価基準にせず、ゲートキーパーに直接アイデアを体験させるという方法がある。

第5章「ひそかに進める」で詳述するが、アイデアのデモやプロトタイプを作る方法は多数ある。ゲートキーピング・プロセスの一環としてこのような「没入型」のアイデアテストを取り込めば、紙の資料では素晴らしさが伝わりにくいアイデアを台無しにする危険性を軽減できるだろう。[11]

3. 評価基準の見直し

ゲートキーパーが用いているアイデアの評価基準が適切かどうかを見る時、イノベーションの設計者はまず、「その基準が会社の戦略的目標にふさわしいかどうか」を考えなければならない。ゲートキーパーの基準が、会社の目指すところと合致していない場合もあるからだ。

▼ゲートキーパーの評価基準はビジネス戦略と合致しているか?

ゼネラルモーターズ(GM)は長年にわたり、米自動車業界の輝けるアイコンの1つと考えられてきた。過去数十年間にわたって同社がいかにしてライバルに先んじ、斬新かつ破壊的なアイデアを生んできたかは、2008年の『ニューヨーク・タイムズ』紙でジャーナリストの

ミシェリン・メイナードが明らかにしている。(12)

1980年代、GMはようやく姿を現したばかりの小型車市場に潜在的可能性があることに気づくと、乗用車ブランド「サターン」で小型車のプロトタイプを開発すべく投資を行った。さらに1990年代にはライバルの数歩先を行き、現在のハイブリッドカーのごく初期の前身とも言える、電気自動車のEV1を開発した。ただ、これらの破壊的アイデアはいずれも商品化には結びつかなかった。いよいよ革新的なアイデアの実践へ、商品化のプロセスへと移ろうとするたびに、社内のゲートキーパーが却下したからである。

それはなぜか？　投資の意思決定に携わる人々が、短期的な成果にばかり焦点を当てて、予想どおりの利益を迅速にもたらすプロジェクトを常に優先したからである。そのためGMでは、投資計画が長期化しがちで評価も難しい斬新なアイデアは常に却下され、ニューカラーや新機能の追加のように小規模なアイデアだけが実践された。

結果は、イノベーションの歴史を研究中の学生にすらわかるだろう。長期的なイノベーション・プロジェクトへの投資を断固として拒絶してきたGMは、より先見の明のあるライバルに何度となく遅れを取ることとなった。1980年代にミニバン市場が拡大した時にも、売上の大部分はクライスラーが獲得した。GM内に10年以上前からミニバンの開発案があったにもかかわらずである。また1990年代前半にSUV（スポーツ・ユーティリティ・ビークル）市場が生まれた際も、立役者となったのはフォードとクライスラーで、GMが市場に参入するのはさらに5年が経過してからのことだった。

▼評価基準は多すぎないか？

アイデア評価プロセスは、ほうっておけばキノコやヒゲのように野放図に伸びてしまうものだ。チェックリストの作成に取りかかったゲートキーパーは、包括的であることを重視し、想像し得るあらゆる角度からアイデアを評価しようとする。しかしながら、少なすぎる評価基準がプロセスを無効にするのと同様、多すぎる評価基準にもまた危険が潜んでいる。

ドイツのある企業でのエピソードだ。われわれは、同社におけるアイデア評価システムの説明をイノベーション担当役員から受けていた。システム全体を説明するには、パワーポイントのスライドが何十枚と必要だった。複数のゲートキーパーが、いくつもの段階ごとに数多の基準に従ってアイデアを評価していくシステムだったからだ。

同席したほかの役員は何の疑問も差し挟まない。それどころか、行き届いたシステムだと言って賞賛を贈った。確かにそのようなシステムなら、同社は愚かな間違いを犯すことはないだろう。徹底的にふるいに掛けたアイデアなら、まず安全だからだ。実際、同社のシステムはうまく機能しており、われわれがマネジャーにたずねても、望ましくないアイデアが評価プロセスをすり抜けた事例を挙げる者はいなかった。

このシステムの問題は言うまでもない。承認されるアイデアがどれも極めて凡庸である点だ。

いくつもの評価基準で高い得点を得られるアイデアと言ったら、誰にでもわかるアイデアしかない。より斬新なアイデアは、数多の基準に照らし合わせた時に低い得点しか得られない。基準に対するどの答えも、理解不能だったり、不透明だったり、しきい値以下だったりするからだ。

皆さんもぜひ、ゲートキーパーにたずねてみてほしい。アイデア評価基準を、本当に必要なものだけに絞り込んだほうが効果的なのではないか。排除するべき基準はないだろうか。基準が多すぎないだろうか。わかりやすく、適用しやすい基準を設けることができているだろうか。

4. 評価プロセスの定期的な調整

ゲートキーピング・プロセスにおいては、ゲートキーパーの持つバイアスや評価基準のほかに、ゲートキーパー自身に対する評価も重要な要素となる。たとえば、ある女性マネジャーは社内でアイデアの育成を担当していた。チームメンバーからアイデアを集め、良いアイデアがあれば次のレベルへの成長と実践を促すのである。彼女の上司はチームのパフォーマンスを、1つの基準に従って評価していた。収集したアイデアの実践率である。どうすればもっと多くのアイデアを実践できるか、少なくとも5%という目標実践率を達成するには何をすればいいのか、彼女は悩んでいた。

このような評価基準は、イノベーション・チームのスタッフがちゃんと仕事をしているか、それとも提案箱の中身も確認せずにさぼっているだけかをチェックしたいのなら、確かに有効である。だが本章の第一原則「大部分のアイデアは残念ながらただのゴミだ」に則れば、この基準の問題点は一目瞭然だろう。全社員が「今夜はつぶれるまで飲みまくろう」と決め、翌日になって提案箱に最低なアイデアばかりを２０００個も投げ入れたら、この会社の評価基準では１００個ものひどいアイデアを実践することになる。つまりゲートキーピング・プロセスの調整においては、ゲートキーパーのパフォーマンスを合理的に測定できているかどうかを確認するのも忘れてはならないのである。

▼誰がゲートキーパーを監視するか？

ノーベル経済学者ダニエル・カーネマンは意思決定についての自著『ファスト&スロー』（早川書房）に関する『ニューヨーク・タイムズ』紙への寄稿文のなかで、イスラエル国防軍心理学部門に勤務していた当時の興味深いエピソードを披露している[13]。

カーネマンは国防軍で数人の心理学者と共に、将校訓練を受けるリーダー候補生の適性評価を行っていた。チームワークに関するさまざまな課題を候補生がどのように解決するかを見る、一連のテストを考案したのもカーネマンら評価グループだった。規定のシナリオに沿って彼らがどのように行動するかを測定することで、カーネマンらは、候補生を正しく評価できていると自負していた。

だがその自信が証明されることはなかった。評価グループは何度となく候補生の実際の行動についてフィードバックを得ていたが、カーネマンはそれについて、記事中で以下のように記している。「フィードバックの内容はいつも同じだった。きみたちの成果予測能力は取るに足りない。当て推量よりはましだが、大差があるわけではない」

だがカーネマンが明かしているように、否定的なフィードバックによって「心理学者たちがアプローチを変えることはなかった」。評価グループはテストを続行し、結果に自信を失わなかった。カーネマンはこう続けている。

「われわれの失敗を統計的に示すデータから、候補生の適性評価に自信を失ってしかるべきだった。しかしそうはならなかった。節度ある予測を行うようになってしかるべきだったが、そうはならなかった。一般的事実として、自分たちの予測が当て推量より多少ましなだけだということはわかっていた。それでも、個々の予測は妥当であると信じているふりをし続けた」

カーネマンが発見したこのような認知的見落としは、企業のゲートキーパーも犯し得る。シンプルだが確実なアイデア選別プロセスや、適切な選別基準、ゲートキーパーとしてふさわしい人物の任命を実現できれば、正しい意思決定を下す可能性を高めることができる。だがそれだけでは不十分で、実際にプロセスが機能することを実証する必要もある。つまり、評価基準とゲートキーパーの行動をモニタリングし、成果を測定しなければならないのである。ゲートキーパーは、たとえ直接的な証拠によって否定されても、自身の直感に固執してしまう傾向があるからだ。

イノベーションの設計者はインデックス・ベンチャーズのデヴィッド・ライマーを見習い、定期的にレビュープロセスを見直して、それが正しく機能しているかどうかを評価しなければならないのである。

▼進行中のプロジェクトに終止符を打つには

進行中のプロジェクトに終止符を打てない、というのも組織内でしばしば見られる問題の1つだ。上層部からの命令で始まり、命令に逆らいようがないケースもあるだろう。だがプロジェクト・チームが始めたものなら、自らの判断で終止符を打てるはずだ。しかしなぜかそれができず、いつまでも不要な負担を負い続ける例が多い。このようなプロジェクトを終わらせるには、どうすればいいのだろうか。

最も重要なルールは応急処置と同じ――「まずは事故を食い止めろ」である。交通事故を目撃したら、負傷者の救護に走るよりも前に、交通を遮断して事故の拡大を防がなければならない。同様に、組織が不要なプロジェクトの負担に苦しんでいる時にその一部を終わらせたところで、負担を軽くすることしかできない。このような場合の第一の課題は、プロジェクトに着手する方法を変えることだ。着手する際に必ず何らかの「停止装置」を設けるのが簡単だろう。つまり、プロジェクトをいったん取り止め、最終的に終了させるかどうかを判断する具体的な判断基準を設けるのである。[14]

プロジェクトに期限を設けて、期限を過ぎたら終了する方法も効果的だ。第1章「フォーカス」で述べた「ビジネスゴールの明確化」も、プロジェクトに着手する前に戦略との一貫性を確認する上で役に立つ。

そのほかにも、より簡単に、（あまり）痛みを伴うことなく、プロジェクトに終止符を打つためのヒントをいくつかご紹介しよう。

- **複数のプロジェクトをいっぺんに評価する。**進行中のプロジェクトを個別に評価するのは非常に難しい。可能なら、進行中のすべてのプロジェクトをいっぺんに評価する。
- **部外者には、「継続するプロジェクト」に投票させる。**意思決定プロセスにおいて部外者にも投票権を与えるなら、終了させるプロジェクトではなく、継続させるプロジェクトへの投票権を与えるといい。たとえ結果は同じでも、人はプロジェクトを終わらせるよりも、救うほうが重荷を感じずに済む。
- **「戦略」を切り札にする。**プロジェクトは、必ずしも戦略的ではなくても、「戦略的プロジェクト」とうたっているだけで長期にわたり継続実施されることがよくある。会社の戦略目標を明確にし、目標を共有した上でプロジェクトのレビューを行うことにより、どのプロジェクトを終了すべきか判断しやすくなる。
- **定期的にレビューする。**プロジェクトのレビュー・スケジュールは具体的に決めておく。そうしないと、レビューは何となく延期されるのがオチだ。

- **痛みを受け入れる。**プロジェクトに終止符を打つのが好きな人などいない。だから、痛みを伴っても、やらなければいけないことだと覚悟する必要がある。情けを掛けたところで、痛みは取り除けない。かえって痛みを長引かせ、より多くの関係者に広げるばかりだ。

まとめ

- 社内のアイデア評価プロセスを見直す。適切な評価プロセスとはどのようなものか。現状のプロセスは正しく機能しているか。
- 評価プロセスの進め方を見直す。適切なゲートキーパーが選ばれているか。合理的な評価基準が用いられているか。評価基準とビジネスゴールは合致しているか。評価基準が社員に周知されているか。
- ほかの評価プロセスのほうが正しく機能するかどうか検討してみる。消費者に直接アイデアを評価してもらうことは可能か。評価プロセスの一部をクラウドソーシングするなど、より民主的に行うことは可能か。
- 破壊的なアイデアのための専用ルートや回避手段が用意されているかどうか、社員にそれが周知されているかどうかを確認する。必要であれば、上層部に働きかけて専用ルートを設ける。

●ゲートキーパーの成果をモニタリングする機能があるかどうかを確認する。皆さんご自身がゲートキーパーなら、カーネマンの発見をヒントに、そこから得られる教訓を自らに課すこと（可能なら、第三者に成果のモニタリングを頼むこと）。

第5章 ひそかに進める《ステルスストーミング》

［社内政治をかいくぐるには？］

多くの人は、社内政治を嫌っているはずだ。創造的な人ならとりわけそうだろう。優れたアイデアであればそれにふさわしい価値を認めてもらえるはずだと安心しきって、組織内の政治を無視したり、拒絶したりするイノベーターも中にはいる。このやり方は望ましくない。イノベーションは、優れたアイデアであると同時に政治にも配慮してこそ成功できるからだ。

社内政治に対処するのは、猛烈な横風を受けながら船を走らせるようなものだ。断固として横風を無視しようとすれば、船の速度は落ち、コースを外れ、あるいは座礁するかもしれない。だが横風の力をうまく利用すれば、ゴールへと驚くべき速さで推し進めてくれる。

本章では、社内政治をかいくぐれるようイノベーターを導く方法を見ていきたい。残念ながら、社内政治をかいくぐるためのさまざまな手法を一語で言い表せる言葉はない。さんざん考えた挙句、われわれは独自にこのような言葉を作ることにした――「ステルスストーミング」である。

ブレーンストーミングにヒントを得た言葉だが、ブレーンストーミングよりもさりげなく、秘密裏にイノベーションを追求するアプローチである。従って、保守的な文化のある企業（創造性がピンストライプスーツをまとったような企業、とでも言おうか）にも取り入れることが可能だ。

ステルスストーミングの5つのアプローチ

ここからはステルスストーミングの５つの側面について考えながら、政治的な障壁をかいくぐれるよう、部下を導いていく方法を見てみよう。ファイザーワークスの事例をもとに、ジョーダン・コーエンがリモートアシスタント・サービスを構築しながら学んだステルスストーミングのコツをご紹介していきたい。

1. **陰の実力者とつながる**
2. **アイデアの「ストーリーづくり」をサポートする**
3. **早い段階でアイデアの価値を証明させる**
4. **より多くのリソースを獲得できるようサポートする**
5. **パーソナルブランド管理をサポートする**

1. 陰の実力者とつながる

米社会学者エベレット・ロジャーズが独創的な自著『イノベーションの普及』（翔泳社）で明らかにしているように、最高のアイデアですら、コミュニティ全体に受け入れてもらおうとすれば強い抵抗に遭う[1]。

ロジャーズは、ビタミンCの欠乏を原因とする壊血病がおよそ200万人の船乗りを死に至らしめた歴史的な事例をもとに、イノベーションの普及の仕組みを明かした。フランシス・ドレークをはじめとする英国人航海者の残した日記が示すように、壊血病の予防には新鮮な柑橘類《かんきつるい》が欠かせないことが1590年代後半にはすでにわかっていた。しかし英国海軍が長期航海時の柑橘類の常備を義務化したのは、それから約200年を経た1795年のことだった。

壊血病のこのエピソードは、社会が新しいアイデアを受け入れるまでにいかに時間が掛かるかを示す最適事例として、何度となく引用されている。だがこのエピソードには、大部分の人が疑問にも思わない、1つの興味深い要素が隠されている。「なぜ1795年に義務化が実現したのか？」という点だ。

第4章で見たように、医療業界では間違った理論がこの後も半世紀にわたって信じられており、センメルヴェイスも手洗いの励行に失敗している。ではなぜ、英国海軍は1795年に事の真理を知ることができたのだろう？

▼人生が酸っぱいレモンをくれるなら、それでレモネードを作ればいい

実は、海軍の決定はボトムアップ式に徐々に認められていったものではなかった。カナダ生まれの歴史学者スティーヴン・R・ボウンの著書『壊血病』（未邦訳）にあるように、ブレインフィールド準男爵ギルバート・ブレインというたった1人の人間が行動を起こした結果だった。[2] 実はブレイン以前にも、数人の医師がいくつもの証拠をもとに、柑橘類による予防を義務化するよう海軍に働きかけては失敗を繰り返していた。彼らとブレインの違いは、ブレインの持つ政治的資質だった。

ブレインは船乗りでもなければ、船医でもない。スコットランドの由緒ある裕福な一族の出で、その社会的なバックグラウンドを生かし、各界の大物に取り入っては輝かしいキャリアを築いてきた。せっせとコネを作って立身出世を果たしたブレインは、思いやり深い人間とは言えなかったはずだ。実際、ボウンが書いているように、自分より上の人間にはこびへつらう一方で、「陰ではチルブレインと呼ばれていた。自分よりも社会的地位の劣る者に対しては、よそよそしく冷淡《チリー》な態度を取ったからである」[3]。

だが外科医ジェームズ・リンドが柑橘類の予防効果についてまとめた論文を読んでいたブレインは、船乗りの友人にその有効性を試させ、確かに効果があることを確認した。そうして1795年、海軍傷病人委員会の委員となったブレインは、すぐさま政治的才能を発揮し、全海軍において柑橘類を常備することを義務化したのである。

言ってみれば、壊血病に対する人類の勝利は、おべっか好きの俗物のおかげなのだ。だがボウンの著書によれば、ある海軍医師がのちにこう指摘しているという。「ブレインを批判したり、俗物呼ばわりしたりする必要はない。むしろその俗物性こそが、おべっかや甘言によって権力者とうまくやっていくことを可能にしたのだから、ブレインに感謝するべきだろう。（中略）彼が英国海軍の上層部や権力者の信頼を得ていなかったなら、英国は、柑橘類による壊血病の予防が義務化されるのをさらに40年は待たなければならなかったはずだ」

▼ジョーダン・コーエンとデヴィッド・クルーター再び

優れたアイデアへの支援を求めるなら、強い影響力を持った友人知人に頼るのが一番だ。上層部に掛け合うには政治的な才能が必要とされるが、あらゆる企業の権力者がブレインのように上から目線の冷淡な性格というわけではない。アイデア（とそれを実践するチーム）の価値を上層部に納得してもらうことさえできれば、政治的なあれこれにずっと簡単に対処できるようになる。

序章で紹介したファイザーワークスの事例でも、そのような後援者が重要な役割を果たした。当初、ジョーダン・コーエンの最大の後援者は、直属の上司のボブ・オールだった。オールはコーエンが本来の業務を外れて活動するのをサポートし、コーエンのアイデアに秘められた可能性を信じた。だが彼のアイデアが真の発展を遂げたのは、デヴィッド・クルーターのサポートを得た瞬間からである。

すでに述べたように、クルーターは当初、コーエンにアドバイスを与えたり、裏で手を回したり、さまざまなステークホルダーへの対応を助けたりといった、さりげない方法でサポートを行っていた。だがのちにいよいよファイザーワークスの正式な所属先が必要になると、クルーターは自らのコネを活用することにした。クルーター自身が次のように説明している。

「ファイザーワークスはもともとグローバル・オペレーションズ部門に属していたが、適切な所属先とは言えなかった。グローバル・オペレーションズは不動産や施設管理を専門とする部署で、コーエンの取り組みとはほとんど共通点がない。財務の観点から言っても、数十億ドルの予算を持つ部署にとってファイザーワークスの予算は小さなものだ。これはファイザーワークスが、新しいプロジェクトとして必要十分な支援を部署内で受けられないことを意味する。

そこで新たな所属先の候補として、調達部が考えられた。調達部の活動はコーエンの取り組みともある程度一致する。だが調達部に所属を置けば自然と、コスト削減や支出の最小化といったことがビジネスゴールになってくる。しかしコーエンも私も、ファイザーワークスにはそれ以上のポテンシャルがあると考えていた。ファイザーワークスなら、社内に変革をもたらし、生産性の向上を加速させる原動力になり得る。そのようなプロジェクトを、単なるコスト削減対策の1つとして実施するべきではない。というわけで最終的には2人で力を合わせ、私自身が率いるUSコマーシャル・オペレーションズ部門にファイザーワークスの所属を移した。そこでならば、必要十分な支援とリソースを獲得できるからだ(4)」

この話から明らかなように、企業でイノベーションを起こす際には多くの繊細な問題がつきまとう。また企業の支配構造という複雑な力学を理解する人がいなければ、あっという間に誤った選択をしてしまう。イノベーションの設計者はファイザーワークスの事例にならい、部下が後援者やアドバイザーのネットワークを構築するのをサポートする必要がある。

部下と後援者をつなげるヒントをいくつかご紹介しよう。

- 部下と協力して、たとえば他部署にいる元上司など、部下の個人的なネットワーク内にいる後援者候補を探す。イノベーションの設計者自身のネットワークでも、候補者は見つかるかもしれない。ただしその場合は、イノベーターがすでに候補者の信頼を得ていることが重要だ。
- 後援者候補に接触する前に、後援者にとってのイノベーションのメリットを部下に明確化させる。後援者から見たイノベーションの価値は何だろうか。後援者がイノベーションに「反対する」理由がないかどうかも、部下に考えさせてほしい（理由が見つかった場合は、その人に知られないように話を進めることも検討する）。
- 部下が後援者候補と接触する際には、あくまで非公式なものであることを部下に認識させる。また、後援者にアドバイスや意見以上のものを求めないよう指導すること[5]（一方的な支援要請には、応えようとしない人もいるかもしれない。しかしたいていの人は、アドバイスを求められれば積極的に応えてくれるものである)。

● イノベーション・プロセスの初期段階で後援者探しを行うよう部下を導く。アドバイスが最も効果を発揮するのは初期段階だ。後援者のほうも、すでに完成されたアイデアを売り込まれるより、コンセプトの構築に一役買ったと感じられるほうが、より積極的にかかわってくれる。

● プロセスを経たのちにも主だった後援者とのつながりを維持するよう、部下を指導する。後援者としてイノベーションにかかわるようになった人は、その後もかかわり続けたいと思うものである。

2. アイデアの「ストーリーづくり」をサポートする

アイデアを成功させるには、組織内の多数のステークホルダーに売り込まなければならない。だがアイデアを売り込む際、「人がアイデアに賛同するのは合理的な判断の結果だ」と勘違いしている人が意外と多い。そうした人たちは、なぜそのアイデアが理にかなっているのかを示すために企画書を入念に作成する。

企画書の作成も確かに重要だ。けれどもそれだけでは、人を説得することはできない。特にイノベーション・プロセスの初期段階ではコンセプトが確定していないので、アイデアに賛同するのは社会的選択であると同時に感情的選択でもある。ここでのイノベーションの設計者の役割は、アイデアの「ストーリー」を部下に考えさせること。つまり彼らに、ストーリーテリングの活用を促すのである。

▼ストーリーテリング

他国の貧困軽減や被災国への災害救助といったキャンペーンで、募金を促すために統計データや集計表を使っている例を見たことがあるだろうか。たぶんないはずだ。募金キャンペーンを行うNGOは長年の経験から、人は個人的な物語により強く反応するものだと学んでいるからである。だからそうしたキャンペーンでは、名前もある特定の1人を主人公にすることが多い（そしてたいてい、主人公は子どもだ）。「あなたからの年間わずか25ドルの寄付で、ミリアムは工場を辞めて学校に行けるようになります」

『ストーリーテリング』（未邦訳）の共著者で、ストーリーの戦略的活用法のエキスパートでもあるクリスチャン・ブッツは、次のように語っている(6)。

「物語の持つ力は原始的なものだ。人類の歴史をとおしてほぼずっと、書物やコンピュータやビデオセミナーが生まれる以前から、ストーリーテリングは私たちが知識を共有するための主な媒体だった。そして今日もなお、ストーリーテリングは人々の心の奥深くに、直感的に共鳴する。つまり私たちは、物語という形でアイデアを提示された時により強く納得し、より深く記憶するのである」

アイデアを売り込む際にも、ストーリーテリングは効果的だ。コーエンもよく、部下の1人であるポールの物語を引き合いに出した。MITを優秀な成績で出た若き父親でもあるポールが、細々とした仕事を片づけるために、しょっちゅう夜遅くまでオフィスに残っていることにコーエンはある時気づいた。そうした負担を、コーエンはファイザーワークスによって軽減しようと考えたのである。イーベイの創設者ピエール・オミダイアが、お菓子の「ペッツ」のディスペンサー・コレクションを売りたい妻のためにイーベイを考案したというのは有名な話だが、のちにオミダイアはこのストーリーを「マーケティング・ツールだ」と明かしている。

イノベーションの設計者である皆さんは、部下が彼らのように（できればあまり創作は交えずに）アイデアに関する優れたストーリーを構築し、うまく語れるようになるまで磨きをかけるのを支援しなければならない。アイデアについて物語る時、皆さんの部下は、そのアイデアが違いを生むという説得力のある具体例を挙げることができるだろうか。彼らの物語るストーリーは、他者によって拡散されるくらいシンプルかつ記憶に残りやすいものだろうか。

▼社会的証明――アイデアを売り込む必要はない？

消費者が新しいサービスや製品の利用を検討する時、大きな役割を果たすのが社会的証明の原理だ。ロバート・B・チャルディーニをはじめとする、影響力に関するエキスパートたちが明らかにしているように、人は他者から強い影響を受け、大多数の人と同じことをしようとする傾向がある。[7] このような社会的証明の原理があるからこそ、深夜のテレビショッピングは消費者からの問い合わせの電話に、「すぐに販売員が対応します」ではなく「ただ今、電話が大変混み合っております」と答えるのだ。そうすることで、ほかにも大勢の人が電話をかけていると消費者に思わせ、宣伝効果を大きく高めているのである。

とある企業のサポート部門が従業員にインターネットの活用を促すために、新たにインターネット・プロジェクトに着手しようとした。ところがこのプロジェクト・チームは社会的証明の原理に配慮するのを怠った。見栄えのいいプロモーション用ポスターに「新しいプラットフォームを使う最初の1人になろう！」と書いてしまったのである。当然ながら、率先してモルモットになろうという従業員が新しいプラットフォームに殺到することはなかった。

対照的にコーエンと彼のチームはファイザーワークスの社内用宣伝ポスターを作る際、まったく異なるアプローチを取っている。オフィスで働く従業員の写真の上には、「ファイザーワークスのおかげでジェーンは週末をエンジョイできる」といったキャッチフレーズが躍った。コーエンにならい、皆さんの部下にもアイデア宣伝時には社会的証明の原理を活用するよう促してほしい。

3. 早い段階でアイデアの価値を証明させる

著書『イノベーションのポケットブック』(未邦訳) のなかでスコット・D・アンソニーは、

クレイトン・クリステンセンの「時を刻み続ける時計」という概念をもとに、あらゆるイノベーターが直面する成果達成の期限について説明している(8)。

「その時計がどれほど速く時を刻むものか、アラームがいつに設定されているのか、イノベーターは決して知ることがない。それでも、いつかはアラームが鳴るのだと覚悟することはできるはずだ。諺では、時計は必ず真夜中に鳴る。その瞬間が訪れた時に残されたのがわずかな可能性だけだったら、転職を考えたほうがいい」

アンソニーが指摘するように、アイデアにどれほど大きな長期的可能性が秘められていたとしても、イノベーターはすみやかに成果を上げることを目標としなければならない。企業は素早い成果を好むものだ。それができないアイデアは当然ながら捨てられる。

アンソニーの助言はもっともだ。可能な限り、皆さんも部下にこの助言に従うよう促すべきだろう。だが、迅速な成果を上げようがないアイデアも中にはある。そのような場合のために、2つの重要なルールを覚えておいてほしい。

1つめは、アラームが鳴るにはまず、時計の針が回り始める必要があるという点だ。プロジェクトがひそかに進められている限り、時計の針は回り始めない。反対に、プロジェクト予算を獲得するなどして周囲の注目を集めれば、針は回り始める。プロジェクトにひそかに着手し、手持ちのリソースで可能な限り改良を加えていくことで、時を刻み出す瞬間を遅らせることが可能だ。

2つめは、できるだけ多くのゲートキーパーや後援者、あるいは財布の紐を握る人たちにアイデアを信頼してもらうという点だ。その際、彼らが成果そのものを期待すると同時に、心情的にも期待を掛けてくれるようになれば、直ちに進捗が見られなくても辛抱強く待ってもらえる。これを実現するには、ストーリーテリング以上の何かが必要になることもある。

▼「個人的な体験」を創出させる

人を説得する最も強力なセールスツールは言葉ではない。行動の変化を促す説得の科学について論じた『自分を見違えるほど変える技術』（阪急コミュニケーションズ）のなかでケリー・パターソンと共著者たちは、ある重要な真実を明らかにしている――「最も説得力に富むのは、個人的な体験だ[9]」。アイデアに対する他者の評価を変えようとする時、最も望ましいアプローチは、彼らにアイデアそのものを体験させることなのである。

『自分を見違えるほど変える技術』で紹介されている、あるエピソードを見てみよう。ある米国メーカーの経営陣が従業員に1つの不評なアイデアを売り込もうとしていた。日本のライバル企業の生産効率が40%も勝っていることを踏まえ、勤務形態を見直すというアイデアである。

当初、経営陣はデータやパワーポイント資料で従業員を説得しようとしたが、効果はほとんどなかった。精一杯働いていると自負する従業員は、日本のライバル企業に生産効率で大きく負けていると言われても信じなかった。

そこで彼らを説得するため、経営陣は別の戦略を取ることにした。特に発言力のある従業員を

10人選び、日本のメーカーを訪問させたのである。日本人が昼夜を問わず働くさまを目の当たりにしてすぐ、従業員たちも生産効率の違いは事実だと認識した。経営陣がいくら言葉を尽くして説得しても、ここまでの効果は上げられなかっただろう。

この手法は、イノベーションにも応用できる（iPadを初めてさわった時、皆さんもそのすごさに納得しただろう）。真に優れたアイデアを「体験」した時、人は合理的にも心情的にも、そこに秘められた可能性を信じるようになる。このような現象は、投資利益率データを見せられただけではまず起こらない。企画書を見せられただけでは、ゲートキーパーがアイデアのファンになることはめったにない。けれども説得力のある個人的な体験は、この妙技を可能にする。

皆さんは部下に、アイデアを売り込むための個人的な体験を創出させることができるだろうか。ゲートキーパー以外の誰かにアイデアを売り込む時にも、そのアイデアに秘められた影響力を目の当たりにさせることができるだろうか[10]。

▼「うちの娘が嫌いだと言うので」

ある広告代理店に、子ども向けCMの制作依頼があった。広告代理店の担当チームは素晴らしいCM案を考案し、ターゲット層の子どもを対象にCMのテストを実施。結果は非常に好ましいものだった。テスト結果にはクライアントも大満足だったが、最終的な判断は一晩待ってほしいとのことだった。そして翌日。クライアントからの回答はかんばしくなかった。今のCM案では効果が期待できない、別の案を出してくれと言う。驚いた担当チームは理由をたずねた。クライアントの答えはこうだった。「それが、夕べうちの娘にCMを見せたら、嫌いだと言うんだよ」

広告業界では、この手の話をよく耳にする。多くの業界人は口にこそしないものの、クライアントにCM案の良さなどわからない、連中は非合理的でリスクを恐れてばかりいる愚か者だと思っている。もちろん、この広告代理店の担当チームはアイデアが却下されてがっかりしただろう。そしておそらく、クライアントの娘は不愉快なCMを見せた父親に腹を立てていただろう。

だがこのエピソードから得るべき真の教訓はこうだ――「人は個人的な体験をより強く信じる」。クライアントは、テストに参加した大勢の子どもの良い反応よりも、自分の娘の悪い反応を信じた。それが自分の娘だったからというのもあるが、自らの目で反応を見たからだ。一方、テストでの子どもたちの反応については、間接的に知らされただけである。担当チームがクライアントにもテストの見学を要請していたなら、この物語の結末は違っていたかもしれない。

4．より多くのリソースを獲得できるようサポートする

企業のなかには、本社レベルでイノベーションの特別予算を組み、優れたアイデアを持つ社員が通年でそれを活用できるようにしているところもある。あるいは、社内ベンチャー投資家とでも呼ぶべきイノベーション推進担当者を決めて、彼らに新たなアイデアのスポンサー役を担わせるケースもある。

皆さんの会社がそうしたシステムを導入していない場合、皆さんの部下は社内政治の課題に何度となく直面することになる。たとえば、思いがけず生まれた有望なアイデアのために、予算枠以外のところから資金を調達しなければならなかったりする。このような場合に備えた2つの戦略をご紹介しておこう。

● **既存の全社的イニシアチブを活用する。** 大企業では、既存の全社的イニシアチブを活用して新たなアイデアを援護できるケースが多い。たとえばコーエンがファイザーワークスを考案した際、当時のファイザーCEOであるヘンリー・マッキネルは、全社的な生産性向上イニシアチブに取り組んでいた。ファイザーワークスのようなプロジェクトは本来、同イニシアチブの一環として実施されるものではなかったが、コーエンの働きかけが奏功。全社的イニシアチブの傘下に入ったことで、コーエンは無事に予算を獲得し、プロジェクトを推進することができたのである。

皆さんの会社には、イノベーション・プロジェクトを援護できるような進行中の全社的イニシアチブがないだろうか。あるいは部署内に、リソースの分配が可能なプロジェクトはないだろうか。

● **外部からの資金調達を部下に促す。** 2009年、筆者トーマス・ウェデル＝ウェデルスボルグの兄であるグレガーズは、デンマークの大手放送局TV2に勤めていた。ある時グレガーズの部下が、携帯電話のコンテンツ開発に関するアイデアを持ってきた。

しかし当時はまだ、携帯コンテンツ開発の実用的なビジネスモデルがなかった。TV2はこの新たな市場を優先項目の1つとして認識していたものの、社内で予算を組むのは難しい状況だった。そこでグレガーズは部下に対し、外部からの資金調達を促した。結果、国内の複数の通信会社が協働に興味を示した。大容量ビデオ・コンテンツで、配信サービスとスマートフォン本体の両方の売上を拡大できると考えたのである。

通信各社はコンテンツ開発への資金提供に同意。こうしてTV2は携帯コンテンツ市場への参入を果たした。社内での予算配分は事実上ゼロだったにもかかわらず、TV2は業界初のモバイルメディアとなり、マーケットリーダーというポジションを確立した。両者の協働はまた、モバイル広告市場の成熟も促し、持続可能なビジネスモデルとして認められるようにもなった。TV2にならって、皆さんも部下に社外パートナーを探すよう促すことができるだろうか。

5. パーソナルブランド管理をサポートする

本書の執筆中、大手法律事務所に勤める友人のアンダース・エリアン・イェンセンに、クリエイティブなスタッフはいるかとたずねた。エリアンの答えは簡潔だった。「うちの事務所では、クリエイティブと呼ばれたらキャリアはおしまいだよ」

法律事務所は極端な例かもしれないが、エリアンの答えは重要な事実を示している。ブランディングは、製品や企業にだけ必要なものではない。人々もまた、パーソナルブランドを持っている。私たちの社会は時に、アップルが広告のなかで「クレージーな人たち」と呼んだ反逆者や異端者、偶像破壊者を熱狂的に迎える。

だが現実には、組織内で「クリエイティブな人」というレッテルを貼られるのは痛し痒しだ。いわゆる「クリエイティブなタイプ」と聞いて思い浮かべるのは、オリジナリティに富む、人と違う発想ができる、規範に縛られないといった肯定的な言葉だろう。けれども「クリエイティブなタイプ」には、風変わり、落ち着きがない、時間を守らない、しょっちゅう波風を立てるといった、好ましくない性質も備わっている。

ジェニファー・S・ミュラー、ジャック・ゴンサロ、ディシャン・カムダールが2010年に行った調査が明らかにしたように、こうした2つの側面を持つ「クリエイティブなタイプ」に分類されるのは、あまり望ましいことではない。[11]「クリエイティブなタイプ」は、リーダーシップを発揮しにくいと考えられているからだ（もちろんこのことは、リーダーを目指していない人にとっては何ら影響を及ぼさないだろう）。

ここでこの問題を取り上げたのは、イノベーター個人とプロジェクトの「ポジショニング」の重要性について触れるためだ。パーソナル・ブランディングを実現するには、企業文化を正しく把握する必要がある。皆さんの会社では、創造性が歓迎されているか？　それとも、ステルスストーミングの手法に則ってひそかにイノベーションを追求するほうが効果的か？　アロハシャツで出勤しようなどと考えず、イノベーション周辺の流行語も使わず、会社員らしく落ち着いた、ビジネスライクな態度を取るべきか？

▼ステルスストーミングと創造性に関するトレーニング⑫

創造性トレーニングは果たして有益なのだろうか。２００４年、ジーナマリー・スコット、ライル・レリッツ、マイケル・マムフォードの３人はこの問いの答えを見つけるべく、メタアナリシスを行った。創造性トレーニングに関する70本の論文を集め、その内容を検討したのである。その結果、創造性トレーニングは確かに有効であることが確認された。トレーニング・コースに参加した大勢の人たちのことを考えれば、これは嬉しい結果だろう。また、トレーニングは創造性に関する知識の向上には極めて有効だが、創造的な行動の推進という観点ではさほど有効ではないということもわかった。

ところが、トレーニング手法が異なる場合の有効性についても調べてみたところ、興味深い事実が判明した。会社員を対象としたトレーニングでは、アーティスティックなトレーニング手法よりも、ビジネスの現場で実際に起こり得る問題を用いたトレーニング手法のほうが効果的だったのである。従って、皆さんが部下を創造性トレーニング・コースに参加させる時には、後者のような手法のコースを選ぶ必要がある。

フィンガーペインティングや即興劇といったアーティスティックな手法を取るトレーニングも、部下にとっては素晴らしい体験となるだろう。だから参加させる価値はあるが、こうしたトレーニングで部下が創造性を高められるわけではない。

部下の創造性を養うには、ステルスストーミングの原理に沿う必要がある。つまり、日常業務の一環としてイノベーションを追求するには、その組織にとって当たり前の形で追求しなければならないのである。イノベーションを追求するには、現実逃避をするのではなく、現実と向き合うことが大切だ。

まとめ

本章では、日常のイノベーションのための5つめの行動「ひそかに進める《ステルスストーミング》」について考察した。組織内の障壁を部下が上手に乗り越えられるよう、イノベーションの設計者は以下の行動を取らなければならない。

● イノベーション・プロセスの初期段階で、部下が自身のネットワーク内で後援者候補を見つけ、接触できるようサポートする。

● 部下がアイデアのシンプルな「ストーリー」をつくり、アイデアがもたらす主なメリットを周囲と共有できるようサポートする。

- イノベーションの価値を証明し得る「個人的な体験」を部下が創出するのをサポートする。それによって、主なステークホルダーを支援者へと変えるチャンスを高めることができる。
- スピードと安全性の妥協点を探る。プロジェクトはいつ公にするのが望ましいだろうか。公にしたら、部下がその価値を早急に証明できるよう支援する必要もある。
- イノベーション・プロジェクトのための予算を、部下に社内外で探させる。予算が潤沢にある進行中のプロジェクトを頼ることも可能だ。資金調達においては、部下の創造性を発揮させること。
- 企業風土を正しく理解し、その理解に基づいて、部下にパーソナル・ブランディングを促す。「クリエイティブ」というレッテルは、皆さんの部下にとって果たしてプラスとなり得るだろうか。それとも、創造性を売りにしない、控えめなアプローチのほうが適しているだろうか。

第6章　あきらめない

［イノベーション追求のモチベーションを高めるには？］

19世紀に政治家として、また詩人として活躍したロバート・ブルワー＝リットンは、過去の偉大なイノベーターに関する研究を進めるなかで、才能と成功が必ずしも一致しない点に興味を抱くようになった。

世界には、才能に恵まれた人があふれるほどいる。ところが明らかに才能があっても、真に重要な何かを成し遂げる人は限られている。才能に恵まれながら、成功に結びつけられない人がいるのはなぜなのか。才能を生かして成功を手に入れた本物の先覚者との違いは何なのか。

ブルワー＝リットンの答えは明快だった。両者の違いは、知識の多少でも、天性の能力でもない。もっと実際的なこと――粘り強さの有無である。歴史に名を残した偉大な男女の共通点は、「あきらめない」という一言に尽きる。彼らはどんな困難に遭おうとも不屈の精神を失わず、普通の人がとっくにあきらめて楽な道を探し始めてもなお、わが道を歩み続けるのである。(1)

粘り強さを養う2つのアプローチ

粘り強さは、イノベーションの設計者にとっても大切な要素だ。過去と現在のさまざまな科学的調査が、イノベーターの行動に注目してきた。そして本書でも、リーダーが部下に促すべき5つの行動をご紹介した。

ブルワー＝リットンのメッセージは、ここに極めて重要な最後の知見を付け加えてくれる。イノベーターにとって、5つの行動を取ることも大切だが、それらの行動を「あきらめずに続ける」ことも大切だという知見である。部下に5つの行動を一度や二度やらせたところで、日常のイノベーションは実現できない。これを実現するには、5つの行動の中心となる6つめの行動、すなわち「あきらめない」ことを部下に促さなければならないのである。

そこで本章では、人のモチベーションにテーマを移し、部下のモチベーションを高める方法について考えてみたい。モチベーションに関する数々の研究にならい、部下に「あきらめさせない」ための、2つの要素に焦点を当てていこう。

1．イノベーションの旅を愛する――内因性モチベーションの活用

2．ゴールを見定める――外因性の報賞を軽んじない

1. イノベーションの旅を愛する――内因性モチベーションの活用

イノベーションのための環境作りは、道を切り開くのにも似ている。環境を整えて、部下が創造的な道をより楽にたどれるようにするプロセスだ。ただし環境作りによってできるのはあくまで道だけで、そこには取り除くべき障害が常にある。結局のところ、創造的な道を選び、その道から外れないようにするのは部下自身の仕事だ。

だからこそモチベーションが大切になってくる。「選択アーキテクチャー」が人々の行動に集団的な影響を及ぼす外的要素であるのに対し、「モチベーション」は個人的な行動の原動力となる、内的要素だと言える。

研究者たちの間では昔から、モチベーションには内因性と外因性があると考えられてきた。内因性モチベーションとは、行動そのものを楽しみたいと思わせるモチベーションで、たとえば、おいしいものが食べたい、スキーに行きたい、友だちと仲よくしたいといったものがある。仕事でも、楽しみながらできる活動には内因性モチベーションが働いている。一方の外因性モチベーションは、行動そのものは楽しめなくても、たとえば金銭や昇進といったものを獲得したいと思わせる。

米詩人ロバート・フロストの、森のなかの2つの道を思い出してほしい（10頁）。内因性モチベーションは旅そのもの、つまり「創造的な道を歩む楽しさ」だ。対する外因性モチベーションは旅のゴール、つまり「創造的な道の先に待つもの」である。これら2つの要素のうち、まずは部下の内因性モチベーションをどのように活用するべきかを考えていこう。

▼部下の専門知識を生かす

本書では繰り返し、ビジネスと直結する領域に焦点を絞り込めるよう部下をサポートする必要があると述べてきた。だがビジネスと直結する非個人的な領域ばかりが、部下にアイデア探索を促すべき領域とは限らない。モチベーションという観点からもアイデアのクオリティという観点からも同じくらい重要な探索領域として、個人的な関心領域がある。

皆さんは、部下がこれまでどんな業務に情熱を注いできたか把握しているだろうか。たとえばモバイル・テクノロジーに深くかかわってきた部下なら、その分野でのイノベーションを追求させるのがいいかもしれない。

経営の分野では、リーダーはいかにしてアメとムチを使い、部下にモチベーションを与えるべきかがしばしば論じられる。しかしこの手法が効果を上げるのは主に外因性モチベーションの場合だ。対する内因性モチベーションの場合、リーダーが部下のモチベーションを高めようとする必要はあまりない。部下が自らモチベーションを高めようと努めるからだ。つまりここでのリーダーの役割は、部下が自らモチベーションを高められる環境を作り、ビジネスに直結したゴールへと向かわせることだと言える。(2)

しかし多くの企業では、社員に専門分野でのイノベーションをわざわざ促したりしない。その専門分野が、社外的に役立たない性質のものならなおさらだ。

たとえばイノベーション関連のワークショップでは、マネジャー陣が部下に消費者向けの新サービスや新製品に関するブレーンストーミングを促す一方で、社内的なイノベーションについてはあえて議論を避けるケースが多い。このように全社員が消費者向けのイノベーションを追求するのは、彼らがみな消費者の行動を正しく把握しているなら有益なアプローチとなる。だが皆さんが40人の財務スタッフを率いて会社の最奥部で働いているのなら、消費者向けの有効なイノベーションを実現できる可能性は限られてくる。顧客との接点がない部下には、部下の専門分野でのイノベーションを促すほうがずっと有益なのである。

▼部下の専門分野・関心領域を掘り起こす

部下の関心領域でアイデアを探索させる手法には、モチベーションアップのほかに2つのメリットがある。

1つめは、よりオリジナリティあふれるアイデアが得られる点。創造性の研究で知られるマーク・ランコが指摘するように、部下にしか思いつけないアイデアを探させることで、より独自性に富むユニークなアイデアが生まれる可能性が高まる。部下が自分にしかない知識を生かそうとするからだ。

図9　有益なアイデアの領域

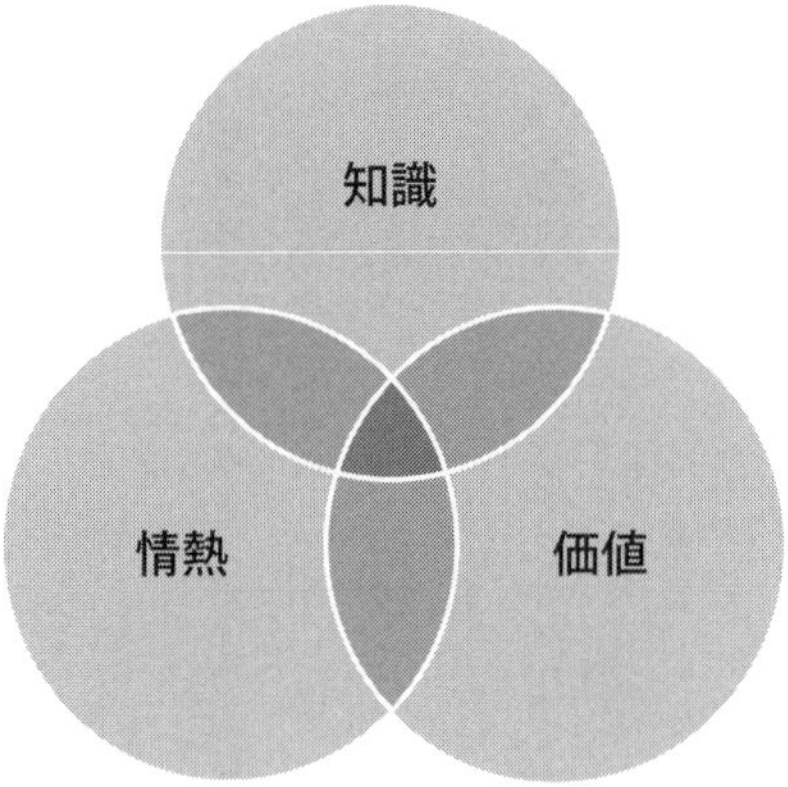

2つめは、組織における創造性を日記に基づいて独自に研究したテレサ・アマビールが明らかにしたように、人はいわゆる専門分野があれば、その分野での深い知識を利用して、より有益なアイデアを思いつけるという点である[3]。

われわれは企業のマネジャーにアドバイスする際、これらの知見を以下の経験則に解釈し直して活用している（**図9**も参照）。

1. 部下が「知識を有し、情熱を注いでいる」領域でアイデアを探させること。
2. その領域内で、ビジネスに「価値をもたらし得る」アイデアを探させること。

理屈は簡単だ。特定の領域に情熱を注いでいる人はその領域に一層精通しようと常に努めているので、自身のアイデアを「あきらめずに」

追求し、不可避の失敗を乗り越えようとするからである。また、特定領域に深い知識がある人なら、より価値があり、実現性が高いアイデアを生み出せる。さらに、そうしたアイデアをビジネスゴールに直結させることを促せば、ビジネス戦略に合致しないアイデアに彼らが固執するリスクも軽減できる（ただし粘り強さは、会社にとって何の価値ももたらし得ないアイデアを部下が追求してしまう要因にもなる）[4]。

▼部下に自主性と目的とチームメートを与える

ダニエル・ピンクが著書『モチベーション3・0』（講談社）で指摘するように、人は専門領域に精通したいと思う一方で、明確な目的や自主性によってもモチベーションが向上する。つまり人は、自らの行動を決める権限を求めているのである[5]。

部下に目的を与えるには、「きみたちのアイデアが会社のより大きな目的の達成を助ける」と彼らに伝えればいい。「より大きな目的」は、人々を救うのでも、世界を変えるのでも何でもいいだろう。

もちろん、そこまで壮大な目的でなくても構わない。たとえばわれわれのクライアント企業では、部門をまたがった社員のつながりを構築することで、協働環境を改善したいと考えていた。この新たなイニシアチブを社員に説明するにあたり、マネジャー陣は会社にもたらされるメリットをまず説明した。その上で、同イニシアチブのもう1つの重要な目的を強調した。社員同士をつなげることで、互いへの理解を深め、仲間意識を高めるのである。部下に与える目的は、たとえ平凡でも、価値があればいい。

一方、自主性とは、革新的なアイデアを追求する際にいま以上の自由を部下に与え、彼らのモチベーションを高めることを意味する。ただし調査が示しているように、ゴールに関する自主性は必ずしも与える必要はない[6]。他者によって定められたゴールであっても、それが合理的なゴールであれば、人はそれを達成するための努力をいとわない。大切なのは、ゴールを達成するための「方法」を部下に決めさせること。そして、彼らがアイデアを実現するまでのプロセスをこと細かに管理しないことである。

さらに、暗い森のなかをひとりで進む場合、人はすぐに振り返りたい誘惑に駆られるものだ。けれども信頼できる旅の仲間がいれば、気分はぐっと明るくなる。部下にあきらめずにアイデアを追求させる最も強力な「梃子《てこ》」は、部下を支える小規模だが緊密なチームを作ることだ。従って皆さんの部下が自分で旅の仲間を探そうとしない時には、共にアイデアを追求する1、2人の仲間とつなげ、社会的モチベーションの力を借りるのが望ましい。

▼ニュートロフーズ・ベルギー再び

内因性モチベーションを活用した具体例として、序章で紹介したニュートロフーズ・ベルギーのマーク・グレンジャーのエピソードをもう一度見てみよう。グレンジャーはベルギー支社内の文化を変えるために、部下の内因性モチベーション向上に焦点を絞り込み、大きな成功を収めた。グレンジャーのアプローチは注目に値する。皆さんも部下の内因性モチベーションを活用したいのなら、部下に与える裁量と制約のバランスをグレンジャーのようにうまく取る必要がある。

グレンジャーはまず、部下にイノベーション・プロジェクトを選定・実施させる際、完全に自由裁量を与えることをしなかった。「ニュートロフーズ・ベルギーをより働きがいのある、より革新的な職場にすることを目的としたプロジェクトであること」を、当初から課題として部下に与えた。

この戦略的ゴールは、ベルギー支社の経営陣によって慎重に選ばれたものだ。当時ベルギー支社では離職率の高さが問題となっていたが、この戦略的ゴールを通じて、離職率を下げながら、社員に今まで以上の独創性を発揮させ、新しい仕事の仕方を促進できると考えた。

さらにグレンジャーは、プロジェクトがなぜこの戦略的ゴールの達成に寄与できるのか、部下が説明できない場合には異議を唱えたり、プロジェクトの中止を求めたりすることもあると彼らに伝えた。

このような制約を加えつつも、グレンジャーは部下が自らの関心事や優先事項を追求できるよう、彼らに最大限のチャンスも与えた。彼らが選定するイノベーション・プロジェクトは、顧客向けのものである必要すらなかった。社内の問題改善を目的としたプロジェクトでも自由に追求できた（実際、多くはその手のプロジェクトだった）。また、全社員が何らかのプロジェクトに携わる必要もなかった。

グレンジャーの方針は極めてシンプルだった。[7]「重要なのは、経営陣が主導する取り組みではないという点だ。部下にはこんな風に伝えた。本当に必要な、価値があると思えるプロジェクトを選定してほしい。取り組みに参加したくなければ、それでもまったく構わない。時間を費やすに値すると心から思えるアイデアでなければ、実践する価値はたぶんない。上司の指示ではなく、自分の熱意に従ってプロジェクトに取り組んでほしい。これは、きみたち自身と同僚のためにより働きがいのある職場環境を作るチャンスだ。ただし、チャンスはつかみ取らなければ生かせない」

▼有言実行の大切さ

当初、部下たちは本当にプロジェクトを自由に選定していいのかと半信半疑だった。実際、彼らにたずねてみたところ数人が、どうせ口だけだろう、これまで同様、上の人間がプロジェクトを決めて命令してくるのだろうと思っていたと打ち明けた。グレンジャーもこんなエピソードを紹介してくれた。[8]

「しばらくすると、あるプロジェクト・チームのリーダーたちが〝決まりましたか？〟とたずねてきた。彼らに追求させるべきプロジェクトを経営陣が決めると本気で思っていたらしい。

だからこう答えた。"何も決まっていない。どんなプロジェクトに焦点を当てるか決めるのも、必要な予算を要請するのも、すべてきみたちの仕事だ〟とね。それでやっと彼らもわかってくれたようだ」

グレンジャーら経営陣が行動で示すと、部下もようやく信じ始めた。そうしてついに、ワーク・ライフ・バランスの改善プログラムを提案するチームが現れた。このテーマを追求しようとしていた社員は大勢いたが（経営陣にとっても重要な問題だった）、あるチームが、社外からコーチを雇ってワーク・ライフ・バランスの改善に向けた社員トレーニングを実施するというアイデアを提示した。

初めのうちグレンジャーは、そんな方法では改善できないのではないかと反対した。ところがすぐに、部下たちがこのプロジェクトに大いに自信を持っており、何としてでも実践するつもりだとわかった。このような熱意こそ、グレンジャーが部下の心に養いたいと思っていたものだ。最終的に彼はこのプロジェクトへの予算を承認した。以下はある社員のコメントだ。

「キックオフの日は本当に嬉しかった。でも正直な話、経営陣が本気で変化を望んでいるとは信じられなかった。でも、プロジェクトを進めるためのリソースがチームに配分されると、だんだん信じられるようになってきた。私のチームに対しても、経営陣がアイデアを承認して予算を投じてくれた。ワーク・ライフ・バランス改善のパイロット・プログラムに、計6回、各3時間を費やす許可ももらえた。それでやっと、経営陣も本気なんだと確信できた」

興味深いのは、このプロジェクトが最終的にニュートロフーズ・ベルギーの大きな成功要因の1つとなった点だ。プロジェクトが進行するにつれ、社員が新たに与えられた自由を生産性向上のために責任を持って活用していることが明らかになっていった。ある社員はこう語っている。

「私なんかは実際、新しいワークモデルに移行してからのほうがよく働くようになった。しかも、自分にとってやりやすい形で仕事ができる。ラッシュアワーを避けて子どもを学校に迎えに行けるようになったし、何より、仕事が前よりも楽しくなった」

さらにプロジェクトが発展していくと、業績も上がり、新たなアイデアも生まれるようになった。そうしてついには、欧州の他国でもこのプロジェクトを導入する支社が出てきたのである。

この事例で特筆すべきは、部下の内因性モチベーションを向上させ、プロジェクトの推進を実現させたグレンジャーの手腕だろう。ベルギー支社でワーク・ライフ・バランスの改善が順調に進む中、社内では上層部で思いがけない空席が生じた。それによりグレンジャーは予定よりも早く昇進を果たし、わずか2年後には支社を離れることになった。そのころには、ベルギー支社では経営陣主導のものをはじめとして他のイノベーション・プロジェクトの大部分が頓挫していた。

だがグレンジャーによって「これは自分の仕事だ」という意識を培われた社員たちは、彼が去った後も新たな社内文化を追求することをあきらめなかった。グレンジャーが去って4年が経ち、支社長が3人代わった今も、ニュートロフーズ・ベルギーの社員はイノベーションとその成果の追求を続けている。

▼内因性モチベーションと難所

内因性モチベーションの向上がもたらす最大のメリットは、職場環境の改善や報賞の提供では獲得し得ない粘り強さを部下が発揮して、過酷な障害にも立ち向かうようになる点にある。だが、障害を乗り越えるためのエネルギーは前進するために使ったほうがいいし、創造的な道には取り除くべき難所が待ち構えている場合もある。

従ってイノベーションの設計者は、創造的な道を見渡して自問しなければならない。イノベーションのバリューチェーンに弱点や切れ目はないだろうか。たとえば、同僚とのつながりは容易に築けるが、資金調達が困難だったりしないだろうか。新たなアイデアへの正式な承認を得るのが、極端に難しかったりしないだろうか。

つまりイノベーションの設計者は、イノベーション・プロセスを構成する主な要素について、行動を妨げるボトルネックがないかどうかを確認しなければならないのである。一般的に、イノベーションのための完璧な環境を作るのは、それが設計者の第一の役割ではないのだからまず不可能だ。だが創造的な道にある重要な岐路を、より歩みやすくすることは可能である。イノベーションの設計者は、難所に注意を向け、そこここに開いた溝を埋めることで、一足飛びの前進を実現できるのである。(9)

2. ゴールを見定める――外因性の報賞を軽んじない

内因性モチベーションは、全体像のなかの1つの要素にすぎない。その裏側にある外因性モチベーション、すなわちボーナスや昇進といった、イノベーターにもたらされる現実的な「報賞」も大切な役割を果たす。創造的な道をたどる旅において、人は内因性の喜びを得る。

では、ついに目的地にたどり着いた時には、彼らに何が起こるのだろうか。あるいは、創造的な道をたどってきたのに目的地に着けなかった時には? よくある話だが、事情が違えば有望だっただろうアイデアがうまくいかなかった場合には?

興味深いことに、創造性やイノベーションの追求における外因性モチベーションの役割は激しい論争の的となっている。多くの研究者は、「芸術のための芸術」理論をモチベーションにも当てはめている。つまり、人は創造性を追求する時、金銭や昇進といった外因性の報賞ではなく、創造的な活動に携われる内因性の喜びによってこそモチベーションを得ている、という考え方だ。アートの世界ではこの理論はほとんど宗教のようなもので、「お金のためにも」と思うだけでも、金銭目当ての才能のないアーティストの証《あかし》とみなされる。

ビジネスの世界でも、この理論は強く支持されている。実際、多数の科学的研究が内因性モチベーションの重要性を確認しており、中には外因性の報賞を与えるのは危険だと結論づける例もある。創造性に関する最近の研究報告から、その具体例を見てみよう[10]。

「創造的な活動によって得られる報賞として、金銭などの外因性モチベーションにとらわれてはならない。金銭は堕落の源だ。一般的に言って、創造的な活動のモチベーションは、その人のなかから生じるべきなのである（これを「内因性モチベーション」と言う）」

こうした主張の多くがれっきとした調査研究をソースとしているために、企業マネジャーも、部下にとって創造的な活動の報賞は活動そのものであるべきだと思い込んでしまうのだろう。しかしながら、大部分の調査研究は正当なものだが、そこには確かに欠陥がある。これから明らかにしていくように、イノベーターにとっての報賞制度の意義を改めて考え、制度の改善を検討するのは、とても意味のあることだ。

▼イノベーションは簡単な仕事ではない

創造性とイノベーションの間には、大きな隔たりがある。イノベーションは実践する必要があるため、たいてい、より多くの苦労がつきまとう。また、イノベーションを創造的で楽しいことと思う人もいる――座ってアイデアをひねったり、新製品に改良を加えたり、壮大なビジョンを思い浮かべたり、ブレーンストーミングをしたりするのがイノベーションだと勘違いしているのである。

もちろんこれは事実に反する。ファイザーワークスを立ち上げた時のジョーダン・コーエンのさまざまな活動を思い返してみれば、創造的な活動などほとんどなかったことがわかるはずだ。

なるほど、ファイザーワークスというサービスそのものは創造的だ。けれどもその構成要素を見てみれば、多くは創造的ではないこと、特に楽しい側面はないことが一目瞭然だろう。チームを結成して管理する。政治的な支援を獲得する。資金を調達して管理する。プレゼン資料を作成する。フィードバックを乞い、サービスに反映する。適正評価を実施する。まるでプロジェクト・マネジメントの基本を学んでいるかのようだ。

もちろんこれらの各活動を、「創造的」に進めることはあるだろう。日常業務を創造的に進めることがあるのと同じだ。だが個々のタスクそのものに「創造的で楽しい」と言える側面はない。

この事実から、こう結論づけることができないだろうか。イノベーターはプロセスの初期段階では外因性の報賞をほとんど重視しないかもしれないが、プロセスが進み、何かを実践したり、管理したりといった仕事が主体になってくるにつれ、報賞を重視するようになる。

これは、われわれの実体験からも言えることだ。ウェデル＝ウェデルスボルグが、2つめのスタートアップ設立に携わった際のエピソードだ。

著名ビジネススクール出身者のプロフェッショナル・ネットワークを提供する13MBAsの設立プロジェクトにウェデルスボルグが着手した当初、大きな役割を果たしたのは確かに内因性モチベーションだった。ところがプロジェクトが進行するにつれて単調な仕事が増えてくると、内因性モチベーションは減じ、利益の創出といった外因性モチベーションが重要性を増していったのである。内因性モチベーションは何かを始める時には有益だ。一方、外因性モチベーションは、何かを完成させる時に重要になってくるのである。

▼革新的な行動を阻むハードル

「芸術のための芸術」理論を支持する声は多いものの、意義を唱える著名研究者もいる。その1人が創造性研究の第一人者で、タフツ大学元学長のロバート・スタンバーグだ。スタンバーグは同僚のトッド・ルバートと共に、創造性の「投資理論」を提唱した。「投資理論」によれば、人々の創造性をただ高めても、イノベーションは推進できない。創造性を積極的に「活用する」のを人々に促す必要もある。論文のなかでスタンバーグは次のように記している。[11]

「基本的な前提として、創造性の発揮は誰にでもできる決断である一方、負担の大きさゆえに、実際にはわずかな人にしかできない決断である」。また別の論文では、このように述べている。[12]

「人が斬新な創造力を発揮できないのは、知識が足りないからではない。斬新な創造力につきものの拒絶を体験する覚悟が足りないからだ」

つまりスタンバーグは、創造的な行動を阻むハードルの高さは人によって異なるという事実を指摘したいのだろう。ヴァージン・グループのリチャード・ブランソンのような人なら、何が起ころうとイノベーションを追求するはずだ。もしも彼が数日間にわたって不当に投獄されたことがあったなら、ヴァージン・グループはきっと、矯正施設チェーンも展開していただろう。

これに対し、大部分の人はイノベーションの追求に、より慎重な態度を取る。皆さんの職場がわれわれのクライアント企業と同じような環境なら、ブランソンのように絶えずイノベーションを追求している1人の社員に対し、環境さえ整えば革新性を発揮できる社員が150人いるといった具合だろう。

これら150人の社員に関して重要なポイントは、自身が背負う負担が大きすぎれば、粘り強くイノベーションを追求しようとはしないという点だ。彼らも創造的になることはできる。だが彼らは愚か者ではないのだ。

というわけで、普通の社員をすべてスーパーイノベーターと入れ替えることが可能な場合を除き（イノベーションの合間にはルーチンワークもこなさなければならないのだから、当然これは不可能だ）、スタンバーグの次のアドバイスに従うのが理にかなっている。創造的な行動を取った部下に対しては、「負担を減らし、報賞を増やす」べきなのだ。

▼報賞は衛生要因である

スタンバーグをはじめとする外因性報賞の推奨派の主張がたとえ間違っていたとしても、外因性モチベーションには、大部分の人が賛同する1つの側面がある。初期のマネジメントの研究者であるフレデリック・ハーツバーグが提唱した、「動機づけの衛生要因」という側面だ。雇用の安定、給与、手当といった衛生要因は、それ自体が積極的に動機を与えることはないものの、一定のレベルを下回ると不満を引き起こしたり、同僚と比較した時の甚だしい不公平感をもたらしたりする。

イノベーターにとってのキャリアパスの問題を例に取ってみよう。米レンセラー工科大学の研究チームが明らかにしたように、企業の大部分は社内イノベーターに対して大きなキャリアチャンスを提供していない[13]。研究に参加した、ある大手消費財メーカーのイノベーション・チームに所属する人は、自らの置かれた状況をこう説明している。「向こう5年間で40～60億ドル規模の事業開発に携わる予定だが、幹部に昇進できる見込みはない」。このような状況では、イノベーションのことなど忘れ、いつものやり方を変えようともせず、昇進だけにこだわる社員が生まれても責められない。

皆さんの会社では、いつものやり方を変えない社員とイノベーターで、給与やキャリアや地位といった待遇の違いがあるだろうか。動機づけの衛生要因に基づいた場合、イノベーターは必ずしも特別な待遇を必要としない。しかし待遇が著しく劣れば、彼らの多くはイノベーションを実現できない。皆さんの会社では、イノベーションの実現に向けて社員に適切なインセンティブを与えているだろうか。

▼失敗を慎重に定義する

ここで深く関連してくるのが、許容できる失敗（または許容できる損失）の定義だ。ブレーンストーム合宿で叩き込まれる多くの概念の1つに、「失敗を歓迎せよ」というものがある。だがマネジャーがこの概念をむやみに信じれば、大変な目に遭うはずだ。

たとえばわれわれのクライアントの1人でロバートという名の企業マネジャーは、部下に対するスピーチでこんな風に語ったという。わが社とその経営陣は、「今後ますます失敗を歓迎していく所存だ」。部下はもちろん喜んだ。ところがそれから2カ月後、ロバートは企業倫理にもとる行為を理由に営業社員にクビを言い渡さなければならなくなった。部下からの反発は激しく、多くがロバートを偽善者呼ばわりしたという。

失敗はイノベーションにつきものだ。けれども失敗自体に良い側面などあるわけがない。だから失敗を「歓迎する」なら適切に歓迎しなければ、企業文化を尊重していない、あるいは企業文化と調和していないとみなされる。だからこそマネジャーは、許容できる失敗と許容できない失敗を明確に定義し、両者の区別の仕方を部下に明示しなければならないのである。

ロバートが営業社員をクビにしたのも、新しいアイデアの試行を部下に促したのも間違いではない。彼のミスは、そもそも何を「失敗」と呼ぶかを説明しなかった点にある。イノベーションの設計者は、イノベーション戦略の策定時に「成功」を定義するのと同時に、許容できる失敗と、許容できない失敗とを定義する必要があるのだ。

▼社員にとってイノベーションはリスキーであるべきか？

イノベーションのエキスパートのなかには、イノベーションの追求からリスクを取り除き、企業がそれらのリスクをすべて背負って、成果の有無にかかわらずイノベーターに見返りを与えるべきだと主張する向きもある。

われわれは、そこまで限定するのは望ましくないという考えだ。イノベーションは本質的に、いつものやり方よりも大きなリスクをはらんでいる。また、リスクに良い側面はない。トーマス・エジソンは電球を発明した時、1万回失敗してもまたチャレンジできるだけの十分な資金を持っていたかもしれない。しかし皆さんやその部下に、そこまでの資金はないはずだ。通常のタスクで失敗した時にどんなマイナス結果がもたらされるかを考えれば、部下にイノベーション追求の全権限を与えた場合にどれほど大きなリスクを抱え込むことになるか、おのずとわかるだろう。

以上のことから、失敗に対する処罰がさほど厳しいものでさえなければ、イノベーションを起こそうとする部下に多少のリスクを負わせるのは妥当だと言える。従って部下にイノベーション追求の選択肢を与える時には、それがいつものやり方に比べてハイリスクで、ハイリターンなキャリアパスであることを明示するのが望ましい。リスクとリターンのバランスが適切なら、少なくとも一部の部下はイノベーションの追求を選択してくれるはずだ。独自性のあるイノベーション・プロジェクトの場合だけでも、リスクとリターンのバランスを取り、部下に選択肢を与えるアプローチを目指すべきである。

要するに報賞について検討する際は、まずは部下のことを考え、次にそれ以外の大多数について考えることが大切である。より多くのイノベーションを起こす真の可能性を秘めているのは、前者だからだ。

彼らにとって、創造性の追求は不可能なことでもなければ、上から強制されることでもない。自ら選択するものだ。では、彼らに創造性の追求を選択させるきっかけは一体何だろうか。

1つには、分別ある社員であれば、森のなかで道に迷う恐れはないという保証を求めるということが言える。彼らが岐路に立った時、創造的な道にかつてのイノベーターたちの亡骸が転がっていたら、アイデアを捨てていつものやり方に戻ってしまうだろう。反対に、成功したイノベーターには報賞が待っており、失敗したイノベーターにも厳しい処罰が与えられることはなく、現存するイノベーターのなかに地獄を見た者はいないと明示されていれば、彼らは創造的な道をより積極的に選び、日常のイノベーションを追求しようとするはずだ。

まとめ

本章では、日常のイノベーションのための5つの行動を結びつける6つめの行動「あきらめない」

について考察した。部下に日常業務の一環としてイノベーションの追求を粘り強く継続させるには、イノベーションの設計者は以下の行動を取らなければならない。

- 部下がすでに持っている内因性モチベーションを活用する。彼らが深い知識を備え、情熱を注いでいる分野で、アイデアの探索を促すことができないだろうか。その上で、戦略的な優先項目に焦点を絞り込ませることはできないだろうか。
- イノベーター（およびイノベーションに失敗した部下）に与えられる外因性の報賞と、非イノベーターへの待遇を比べてみる。両者の間に、不公平はないだろうか。
- イノベーションの追求を促すさまざまなインセンティブを試し、どのインセンティブが今の環境にとって、また部下にとって有効か検討する。

エピローグ
「月曜の朝」問題

アイデアと同様、書籍もまた示唆を与えるだけでは足りない。行動を促せなければ、影響力のある書籍とは言えない。それに失敗すれば、ほかの部分がどんなに優れていたとしても生ぬるい賛辞しか得られず、それすらもたちまちのうちに消え失せる。

そこで本書は、イノベーションにとっての最大の危険について語ることで締めくくりたいと思う。この危険をわれわれは、「月曜の朝」問題と呼んでいる。本書を読み終えた直後の皆さんの行動にも直結する問題だ。とりわけ、これから20分間で何をするかが、イノベーションの設計者としての皆さんの成功を左右する。

「月曜の朝」問題に最初に遭遇したのは、企業幹部を対象としたコースを開始した時のことだ。コース最終日の金曜、受講者はみなイノベーションに燃えており、会社に戻ったらどうやって実践に移ろうかと頭のなかはアイデアやプランでいっぱいだった（優れた講座やワークショップに参加したことのある方なら、この感覚はよくわかると思う）。ところが後日、講座終了後の受講者フォローを行ってみると、どのプランにも着手していないという方が大勢いた。

彼らの野心を妨げたのは、知見やアイデアの欠如でもなければ、本書で述べたさまざまな障壁でもない。もっと単純かつ、命取りな理由だった。受講後に、何も始めなかったのである。新年の抱負と同様、せっかく芽生えたイノベーションへの野心は、日々のまぶしい日差しを浴びてしなびてしまったのだった。

「月曜の朝」問題とはつまるところ、人は一貫してその人であり続けることはできないという事実から生じている。行動学の研究者らが結論づけているように、ある意味で人はみな軽度の多重人格障害に悩まされているのだ。

時と場合によって、そして目的や欲望に応じ、人はさまざまな人格を帯びる。ダイエット中の人はこの感覚がよくわかるのではないだろうか。自分のなかのある部分は、健康的に痩せて、水着が似合う身体になりたいと思っている。だが別の部分は、とにかくケーキが食べたくてたまらない。そうしてケーキ屋のショーケースの前に立ち、真実の瞬間が訪れた瞬間、ケーキが大好きな自分がハンドルを握り、健康オタクな自分はトランクに閉じ込められてしまう。

企業幹部向けのわれわれのコースでは、まさかと思ってからようやく「月曜の朝」問題が起こっていることに気づいたので、後からメンター・プログラムや100日フォローアップ制度などを同コースに加えて対応した。これらの詳細は残念ながら、本書で網羅する余裕がない。そこで本書では皆さんに、シンプルかつ現実的な問いを投げたい。

イノベーションを追求しようと決めたら、次に何をするべきだと思いますか？

これから5～10日の間に、どうやってそれを実行に移しますか？

皆さんの答えが「意志の力で」だったら問題だ。いつものやり方に惰性で戻りたくなるのを、意志の力や気力だけで抑制できると思うのは危険だ。実体験からも、研究結果からも、自制心にそのような力は備わっていないと断言できる。「意志の力で」と答えた人は本書を読み終え、月曜の朝を迎えた途端、いつものやり方という容赦のない大波に飲み込まれてしまうはずだ。

では、イノベーションの設計者になるための第一歩は一体何か？　それは、自分の置かれた状況を確認することだ。イノベーションにフォーカスするのを妨げる個人的な要因は何か。その要因に対して何ができるか。「月曜の朝」問題から逃れるには、どうすればいいか。

効果的な方法を1つご紹介しよう。イノベーション・プロセスに仲間を1人引き入れることだ。研究成果のなかから、特に成功を収めたイノベーションの設計者について見てみるたび、日常のイノベーションの旅を始める時にあるステップを踏んでいるケースに何度も遭遇した。いずれも、仲間を引き入れているのである。プロセスが進むに従ってさまざまなルーチンを加えていってはいるものの、最初に踏む魔法のステップはみな同じ、仲間を1人引き入れるのである。

というわけで、本書の最後のアドバイスはこれだ。

1．シンプルなプランを今すぐ立てる。これから5～10分かけて、最初のプロセスを決める。日時や次に何をするかを具体的に定めた、明確なプランを立てること。

2．パートナーを決める。共犯者に適した人物を職場内で見つける。同僚でも、部下でも、上司でも、良好な関係を築いてきた相手なら誰でもいい。大切なのは、日常的に接している人物であることだ。そうすれば非公式のミーティングをいつでも行えるし、互いに行動を促し合える。

3．本書を読み終える前に最初のミーティングを設定する。これから20分の間にその人物に連絡をすること。電話をかけ、ミーティングでも、ランチでも、お茶でもいいから会う約束を取りつけること。そしてもちろん、その人用にも本書を1冊買い、同じコンセプトを共有すること（というか、全社員用に買ってください）。

何より大切なのはシンプルであることだ。よって、仲間を3人も4人も引き入れようとしないこと。最初に誘うのは1人か、多くても2人まで。それ以上増えると、公式なミーティングを設定せざるを得なくなり、推進力が失われてしまう。

最後のアドバイスをついに手に入れた皆さんは、イノベーションの設計者の役割を果たす準備が整ったと言える。より良い、より明るい、より創造的な未来への旅を先導するための準備はこれで完了だ。皆さんの部下が可能性を最大限に発揮し、会社の明日のために旅を始め、優れたアイデアを形にする時を、皆さんがすぐにも目の当たりにできるよう願っている。

パディ・ミラー
トーマス・ウェデル＝ウェデルスボルグ
ニューヨーク、２０１３年３月

付録1　参考文献

1　フォーカス

イノベーションの探索を方向づけるにあたっては、明確なゴールの設定や本格的なイノベーション戦略の策定など、さまざまな側面がある。イノベーション探索のこれらの側面について参考になる論文などをご紹介しよう。

【戦略全般】「戦略を全社員と共有する経営」（『DIAMONDハーバード・ビジネス・レビュー』2008年7月号）のなかでデイビッド・J・コリスと故マイケル・G・ルクスタッドは、シンプルかつパワフルな枠組みに基づいて戦略とは何であるか、マネジャーはいかにしてそれを伝えるべきかを説いている。イノベーションそのものには触れていないが、皆さん（と同僚）がビジネスの観点から戦略の何たるかを明確に理解できていないなら、この論文は必読だ。

【イノベーション戦略】さまざまな書籍や文献でイノベーション戦略に関して論じている著者の1人に、スコット・D・アンソニーがいる。特に、マーク・ジョンソン、ジョセフ・シンフィールド、エリザベス・アルトマンとの共著『イノベーションへの解 実践編』（翔泳社）がおすすめだ。主に消費者向けの新たなサービスや製品の開発に焦点を当てており、社内イノベーションについてはあまり論じられていないが、読む価値は十二分にある。

【ビジネスモデル】 ビジネスモデルのマッピング方法を学びたいなら、アレックス・オスターワルダーとイヴ・ピニュールによる『ビジネスモデル・ジェネレーション』（翔泳社）がおすすめだ。オスターワルダーとピニュールのほか多数の共著者が開発した、「ビジネスモデルキャンバス」というフレームワークを使って論じられている。

【さまざまな「旅」】 社内で実践されているさまざまな「旅」をマッピングし、そこから方向性を見いだす方法もある。社内の各部署を経て製品がどう開発されていくか、顧客がどのようにして製品に触れるか、社員が部署をまたがってどのように協働しているか。それぞれの「旅」をマッピングすることによって、イノベーションが求められる新たな領域を見つけ出すことができる。

2　外の世界とつながる

外の世界とつながり、アイデアを創出する手法には、問題の特定、エスノグラフィー調査、オープン・イノベーションなどがある。

【技術的仲介《テクノロジー・ブローカー》と組み換え型イノベーション】 アンドリュー・ハーガドンの『ブレークスルーはいかにして起こるか』（*How Breakthroughs Happen*）が、新たなアイデアの創出源や、企業がアイデアを見つける方法について詳細に論じている。

【消費者研究と消費者ニーズの特定】 消費者研究とは何かを理解したい読者には、古典を2冊、比較的新しい本を1冊ご紹介したい。

▼エーリヒ・ヨアヒムスターラーの『ありふれた風景のなかに隠されたイノベーション』（*Hidden in Plain Sight*）が、消費者や顧客への理解を深めるためのさまざまな手法を堅固かつ詳細に考察している。エスノグラフィー調査について専門的に学びたい人に、特におすすめだ。

▼パコ・アンダーヒルの『なぜこの店で買ってしまうのか』（早川書房）が、人々の購買行動に関する興味深いケーススタディを紹介しながら、エスノグラフィー調査の有益性（とビジネスへの適用方法）について論じている。購買行動に対する見方が一変するはずだ。

▼ドナルド・A・ノーマンの『誰のためのデザイン？』（新曜社）も、万人に読んでいただきたい古典だ。消費者ニーズの基本を学ぶ上で非常に役に立つ。たとえば、ドアをいかに使いにくくデザインできるか、といった事例が紹介されている。

【外部からアイデアを取り入れる】

▼ビジャイ・ゴビンダラジャンとクリス・トリンブルの『リバース・イノベーション』（ダイヤ

モンド社）が、新興市場で急進的アイデアを探索する企業の、示唆に富む事例を紹介している。

▼大手企業によるオープン・イノベーションの実践について学びたいなら、A・G・ラフリーとラム・チャランの『ゲームの変革者』（日本経済新聞出版社）が参考になる。コラボレーションに関するクレイ・シャーキーの『みんな集まれ！』（筑摩書房）も優れている。

▼創造性の原動力としての都市について研究しているリチャード・フロリダが、協働的イノベーションに新たな視点を与えてくれる。まずは『クリエイティブ資本論』（ダイヤモンド社）をお読みいただきたい。『アトランティック』誌ウェブサイトに掲載中のフロリダのブログも参考になる（http://www.theatlanticcities.com/）。

【交差点】 フランス・ヨハンソンの『メディチ・インパクト』（ランダムハウス講談社）が、まったく新しい知識領域へのアクセス方法について、実践的なアドバイスを提供している。マルコム・グラッドウェルを彷彿とさせる文体で書かれた、非常に読みごたえのある本だ。新刊『成功は〝ランダム〟にやってくる！』（阪急コミュニケーションズ）も良書だ。

【オフィス・レイアウト】 職場の物理的環境に関心のある方は、トーマス・J・アレン、グンター・W・ヘンによる『知的創造の現場』（ダイヤモンド社）をおすすめする。さまざまな企業がオフィス・レイアウトの変更によって社員の相互交流や異種交配を促した事例を、イラスト付きで紹介している。

3　アイデアをひねる

【仮説のマッピング】『仮説志向型成長』（*Discovery-Driven Growth*）のなかでリタ・ギュンター・マグレイスとイアン・マクミランは、曖昧なアイデアに対処し不明瞭な仮説を明確化するための、実践的なビジネス志向の枠組みを提供している。アイデア開発についてより体系的に取り組みたいビジネスパーソンにうってつけだ。

【顧客開発とピボット】スティーブン・G・ブランクと彼の提唱する顧客開発やピボットといった概念は、シリコンバレーのスタートアップ企業にとっていわば福音であり、標語でもある。ブランクのブログ（www.steveblank.com）でその思想を感じ取ってほしい。気に入ったら、『アントレプレナーの教科書』（翔泳社）を参照のこと。エリック・リースの『リーン・スタートアップ』（日経BP社）もおすすめだ。

【プロトタイピングとデザイン思考】IDEOから生まれたさまざまな書籍が、この分野で読む1冊目としてふさわしい。特にトム・ケリーとジョナサン・リットマンによる『発想する会社！』、『イノベーションの達人！』（いずれも早川書房）がおすすめだ。ティム・ブラウンの『デザイン思考が世界を変える』（早川書房）も、2つのコンセプトの入門書として最適である。

【問題の見直し】ビジネス書には実用的な見直しツールがあまり見つけられなかったが、以下が最初の1冊として参考になるだろう。

▼ケビン・P・コイン、パトリシア・ゴーマン・クリフォード、ルネ・ダイによる「マッキンゼー流ブレーンストーミング術」（『DIAMOND ハーバード・ビジネス・レビュー』2008年8月号）は、アイデア探索の見直しの実例や手法を紹介している。ドウェイン・スプラドリンの「クラウドから知恵を引き出す「正しい問い」のつくり方」（『ハーバード・ビジネス・レビュー』2013年9月）も参考になる。

▼クレイトン・クリステンセンとマイケル・レイナーの『イノベーションへの解』（翔泳社）は、「ジョブモデル」の枠組みを詳細に解説している。消費者ニーズを細かに分析、再検討する上で有益なツールだ。

【アイデアをひねる】 マルコム・グラッドウェルがスティーブ・ジョブズについて2011年の『ニューヨーカー』誌に寄稿した記事『The Tweaker（アイデアをひねる人）』が、アイデアをひねるための思考材料や事例を提供している。ウォルター・アイザックソンの名著『スティーブ・ジョブズ』（講談社）も示唆に富む優れた作品だ。

4　アイデアを選ぶ

【アイデア選別全般】 アイデア選別の初心者には、ジョー・ティッドとジョン・ベサントの『イノベーションの経営学』（NTT出版）を最初の1冊としておすすめしたい。特に、現在活用されているさまざまなツールやテクニック、アプローチを紹介する第7章と9章が有益だ。

【イノベーション・バリューチェーン】 モルテン・T・ハンセン、ジュリアン・バーキンショーによる「イノベーション・バリューチェーン」（『DIAMONDハーバード・ビジネス・レビュー』2007年12月号）が、アイデアをふるいに掛ける手法に関する重要な知見を提供している。また、社内のイノベーション・エコシステムを見直す際の、有益な分析フレームワークも紹介している。

【メトリクスと報賞制度】 トニー・ダビラ、マーク・J・エプスタイン、ロバート・シェルトンによる『イノベーション・マネジメント』（英治出版）は、社内イノベーションにまつわる戦略とプロセス、メトリクス、インセンティブのつなげ方を体系的かつ実践的に述べている。

【イノベーション・メトリクス】 スコット・D・アンソニーらによる『イノベーションへの解実践編』（翔泳社）の第10章がおすすめだ。イノベーション・メトリクスに関する洞察力に富んだ議論を展開しつつ、プロセスに潜む落とし穴についても解説している。

【イノベーション・トーナメント】 クリスチャン・テルビーシュとカール・ウルリヒの『イノベーション・トーナメント』（*Innovation Tournaments*）が、アイデアをふるいに掛ける新たな方法について詳細に述べている。テレビのタレントショーに似たアイデア・コンペによる手法だ。また、アイデアをふるいに掛けるための重要な教訓も示されている。

【ステージゲート法】 新製品開発に関するロバート・G・クーパーの一連の作品は、ステージゲート法をはじめとする複雑なアイデア評価アプローチを必要としている企業にとって、情報の宝庫と言えるだろう。まずはクーパーと同僚のスコット・エジェットが運営するウェブサイト（www.prod-dev.com）にアクセスしていただきたい。

【意思決定時のバイアス】 この問題については、ダニエル・カーネマンの『ファスト&スロー』（早川書房）がとりわけ示唆に富む最良の参考書だ。

【クラウドソーシング】 ビジネス書ではないが、ジェームズ・スロウィッキーの『「みんなの意見」は案外正しい』（角川書店）が、クラウドソーシングによるアイデア選別の優れたガイドとなるだろう。

5　ひそかに進める

【大企業でのイノベーション】 ビジャイ・ゴビンダラジャンとクリス・トリンブルの『イノベーションを実行する』（NTT出版）が、社内政治がはびこる大企業でイノベーション・プロジェクトを実行する際の危険や近道について、洞察力に富む実践的なアドバイスをくれる。特に、軽視されがちな実行段階に焦点が当てられている。

【イノベーションの実践】 スコット・D・アンソニーの『イノベーションのポケットブック』（*The Little Black Book of Innovation*）が、イノベーションに関する28の有益な教訓を紹介しつつ、社内政治をかいくぐるための知見を提供している。非常に実用的で読みやすく、忙しいビジネスマンに最適だ。

【ストーリーテリング】 クラウス・フォグとクリスチャン・ブッツによる『ストーリーテリング』（*Storytelling*）が、効果的なストーリーを創出、共有するための実用的なツールとテクニックを紹介している。特にマーケティングやブランディングに焦点を当てている。

【権力】 ジェフリー・フェファーの『「権力」を握る人の法則』（日本経済新聞出版社）が、社内政治の現実を理解する上で大変役に立つ。

【コミュニケーション】 チップ・ハースとダン・ハースの『アイデアのちから』（日経BP社）も、効果的なコミュニケーションのための価値あるアドバイスを提供してくれる。

6　あきらめない

【モチベーション全般】 ダニエル・ピンクの『モチベーション3・0』（講談社）は、モチベーションに関する入門書として最適だ。創造的な行動に焦点を当てており、実用的なアドバイスが満載である。

【モチベーションの実践】 企業における日々の創造性については、テレサ・アマビールによる研究がとりわけ的確である。スティーブン・クレイマーとの共著『進捗の法則』（*The Progress*

Principle）は、社員の成長を促すことでモチベーションを高める手法を紹介している。

【行動変容】 チップ・ハースとダン・ハースの『スイッチ！』（早川書房）は、行動変容に関する最も優れた文献の1つだ。ケリー・パターソン、ジョセフ・グレニー、デヴィッド・マクスフィールド、ロン・マクミラン、アル・スウィツラーによる『インフルエンサーたちの伝えて動かす技術』（PHP研究所）も、副読本として優れている。

【習慣の形成】 チャールズ・デュヒッグの『習慣の力』（講談社）が、習慣とは何か、習慣はいかにして形成できるかを詳細に解説している。

【ナッジと選択アーキテクチャー】 リチャード・セイラーとキャス・サンスティーンは『実践行動経済学』（日経BP社）において、ナッジや選択アーキテクチャー、人の持つバイアスについて包括的な研究を行っている。ただし研究対象は政府機関や公共団体が主体で、企業ではないので注意されたい。

【行動デザイン】 B・J・フォッグの一連の研究が、人の行動について理解し、行動を変容させるための実践的な枠組みを提供してくれる。詳しくはフォッグのウェブサイト（www.bjfogg.com）を見てほしい。

【報賞制度全般】 スティーヴ・カーの『報賞制度』（*Reward Systems*）は、社内の報賞制度を設計または改良中のマネジャーにとって、実用的なガイドとなるだろう。

付録2　イノベーションの定義

イノベーションの定義は文献によって異なり、中にはとても複雑なものもある。本書では実用性をかんがみ、次のような覚えやすい定義を用いている。

イノベーション＝昨日までとは違う行動によって、成果を生むこと

本書の定義をもう少し細かく見てみよう。イノベーションとは行動である。専門家のなかには、イノベーションとは新製品や新サービスを開発することだと定義する向きもある。人と違う考え方をイノベーションと定義する意見もある。

これに対しわれわれは、行動の観点からイノベーションを捉えている。人（社員、パートナー、顧客など）が「自らの行動を変える」ことによって、イノベーションが起こるからである。人の考え方を変えさせるだけでは、イノベーションは実現しない。真の課題は、彼らの行動を変えさせることである。

イノベーションを実現するには、新しいことや、今までと違うことをする必要がある。イノベーションが難しくなるのはここからだ。イノベーションの対極にある「いつものやり方」は、

誰もが知る既存の何かをすることによって成果を上げる方法で、それでスムーズに業務が遂行できるのならば優れたアプローチだ。

問題は、「いつものやり方」のその先に進まなければならなくなった時である。「新しいこと」は人の好奇心をそそり、明るい未来を見せてくれる一方で、実証されておらず、リスキーだからだ。また、イノベーションは必ずしも全世界にとって新しいことである必要はない（全世界にとって新しいことは、極めてリスキーである）。

本書では、「関係者にとって」新しいことをイノベーションと定義している。そのようなイノベーションを実現するための、確立されたプロセスというものは今のところ存在しない[1]。

イノベーションは、成果を生まなければならない。個人レベルでは、人は純粋にイノベーションのためのイノベーションを追求することもあるだろう。しかしビジネスにおいては、イノベーションは目的のための手段でなくてはならない。つまりイノベーションによって価値を創造し、あるいは有益な目的を達成しなければならないのである。

第1章で見たように、そのような目的を的確に定義し、さらにビジネスゴールと結び付けることが、イノベーションの設計者の重要な仕事の1つだ。もちろん目的は事業の内容によって異なるだろう。会社としての成長、コスト削減、人命救助、持続性の改善、事業の存続などさまざまなものが考えられる。共通しているのは、測定可能な違いを生み出さなければいけないという点だ。イノベーションのエキスパートであるスコット・アンソニーが言うように、「違いを生み出せなければ、イノベーションではない」のである。

イノベーションの定義　実践編

イノベーションの定義は、本書を読む時に理解していればいいわけではない。実践においても理解が必要だ。なぜなら、イノベーションの旅の始まりにおいては必ず誰かが手を上げてたずねるはずだからだ――「ところで、イノベーションとは具体的にどういうことですか？」

イノベーションとは具体的に何なのか、皆さんは部下と共通認識を持つ必要がある。だが「定義」は普遍的な真実ではなく、各自が置かれた環境において活用できるツールにすぎない。従って、その環境下での正確かつ詳細な定義は、イノベーションを目指す全関係者の間で議論し、合意に達しなければならない。

この段階で回避しなければならないのが、「分析まひ症候群」だ。この症状は、細かいところまでいちいち議論するのが好きな人（たいていの人がそうだ）が揃っていると特に起こりやすい。ミーティング中にすっかり脱線してしまうリーダーもいる。話し合いのごく初期段階にこのパンドラの箱を開けてしまうと、「知見」と「知識」の違いは何かなどという、用語に関するどうでもいい議論に陥りやすい。この手の議論は、プロセスのごく初めにはまず向かないのである。

以上のようなことから、イノベーションの旅を始める時には本書の定義からそれないことをおすすめする。旅の始まりに、本書の定義を一種のプレースホルダーとして仮に置いてみてほしい。そうしてわれわれの定義を手掛かりに出発し、やがて道程を進んで、本当に必要に（そして可能に）なったところで、皆さんの置かれた環境にふさわしい、より詳細な定義と置き換えればいい。とにかく旅の最初は、前進することを第一に、シンプルにいくのが一番である。

付録3　イノベーションを追求するべき4つの理由

リーダーである皆さんはいずれ、部下から訊かれるはずだ――「なぜイノベーションを追求しなければならないのですか？」と。本書は、この問いにどう答えるべきか（どう答えないべきか）を考察するものである。

「今日のように変化のゆったりとした、競争の緩やかなビジネス環境においては……」とこんな具合に本書を始めるつもりだったのだが、絶対にこの書き出しがいいという自信が持てなかった。組織で働いた経験がある方ならたぶん、「バーニング・プラットフォーム」「革新か死か」「恐竜の身に何が起こったか忘れるな」といった教訓を何度も耳にしたことがあるだろう。[2]

いずれも、現代のマネジャーならとうに知っているはずのこと、つまり「イノベーションは組織の成長の主要因である」という事実を伝えようとする教訓だ。反対にイノベーションが欠如すれば、その組織はいずれ致命的な結末を迎えるわけである。

こうした教訓をもとに、企業マネジャーは部下にイノベーション実践のモチベーションを与えようとする。だがわれわれは本書でそのような手法を繰り返すのはやめようと考えた。確かにこれらの教訓には一理ある。しかしあくまで組織にとっての教訓であって、社員にとってのものではない。言ってしまえば、組織は抽象概念にすぎない。イノベーションを目で見たり、感じ取ったり、実践したり、考えたり、実践のためのモチベーションを高めたりするのは、あくまで「人」なのである。

要するに、イノベーションを起こすにはCEOの立場になってものを考えたり、物事を俯瞰的に見たりしても始まらないということだ。第一にするべきことは、部下の立場になって、彼らの視点で世界を見渡すこと。それができたら、真の質問は「なぜ組織にとってイノベーションは重要なのか」ではなく、「なぜ彼らにとってイノベーションは重要なのか」だとわかるはずだ。

なぜ皆さんの部下は、いつものやり方を継続し、ほかの誰かにイノベーションを任せてはいけないのか。なぜ皆さん自身が、そうしてはいけないのか。

日常のイノベーションを追求するべき個人的な理由は、少なくとも4つある。時間があれば、これらの理由について考えてみてほしい。

1. イノベーションは、目標を達成し、さらには超えるのを助ける。 しかもこの四半期中に。本書で論じてきたイノベーションに、ノーベル賞受賞者による壮大かつ困難な破壊的アイデアは含まれていない。本書はもっとシンプルで、時間のかからない、ローリスクなアイデアについて論じたものだ。直ちに、あるいは長くてもこの四半期中に、会社にとってより良い成果をもたらし得るアイデアである。たとえほかに理由がなくとも、皆さんの部下はせめて勝利を手に入れるために、日常のイノベーションを追求するべきである。

2. イノベーションは、仕事に対する満足度を高める。 運がよければ、皆さんの部下は今の仕事にすでに満足しているだろう。それでもなお、イノベーションを通じて職場における社員の生活の質が高まるのはまぎれもない事実だ。とはいえイノベーションは必ずしも、薔薇の香りに包まれた楽園を旅するようなものとは限らない。その旅には、たくさんの失敗や挫折がつきまとう。だがわれわれのクライアントの大部分は、イノベーションはエネルギーと満足の大きな源泉だと認めている。ジョーダン・コーエンも、ファイザーワークスに取り組んだことで人生が変わったと語っている。[3]

「私は今、自分にできるとは想像したこともない取り組みに挑んでいる。おかげでリーダーとしての能力が向上したし、今ではさまざまなことに挑戦し、そこから学び取り、あるいは変化を起こしている。だからこの取り組みはうまく行っていると断言できる。毎朝、早く仕事に行きたくてたまらないくらいだ。父親が心から仕事を楽しんでいる姿を見て、子どもたちも〝仕事は義務〟という考え方をしなくなったように思う。あらゆる意味で人生が豊かになったよ」

3．イノベーションを主導する能力は、人事考課において重要性を増しつつある。イノベーションの権威のなかには否定する向きもあるだろうが、組織ではイノベーションを起こさない人にも、いつものやり方に秀でていれば昇進のチャンスが常に用意されている。だが、イノベーションを重視する企業は年々増えている。われわれがキャップ・ジェミニと合同で行った調査でも、ＣＩＯがいる企業は単年（２０１１年）で全体の33％から42％まで増えていた。組織におけるこのようなイノベーションの重要性の高まりは、優秀だが革新的ではないマネジャーが、いつものやり方にも日常のイノベーションにも長けたリーダーの台頭によって、キャリアチャンスを奪われる可能性を示唆していると言えよう。

4．イノベーションは、世界をより良い場所にする。13世紀には、子どもたちは親世代とまったく同じような世界で年老い、死んでいった。例外は、疫病が蔓延した時や、戦争が勃発した時くらいだっただろう。現代社会にはマイナスの側面もあるが、昔に比べればずっと暮らしやすい。たとえば、昔の歯科医は麻酔など使わなかったし、市民に権利などなかったし、王と女王ですら、現代人にとっては当たり前の生き物としての基本的な快適さを享受できなかった。イノベーションを通じて、人はこの世界と職場とをより良い場所にできる。だからイノベーションは、追求する価値があるのである。

謝辞

数年前の、いかにもバルセロナらしい美しいある日。われわれはＩＥＳＥビジネススクールのオフィスで話し合い、イノベーションに関する本を書こうと決めた。パディはすでに初の著書『ミッションクリティカル・リーダーシップ』[1]（未邦訳）を上梓しており、執筆には一年かかったという。それなら、２人で書けば原稿は半年でできあがるだろう。

だが執筆という仕事は、計算どおりにはいかないものだ。本書は２人の長年にわたる協働の成果であり、互いの知識をもとに、協力し合って完成させた。しかし執筆者はわれわれ２人だけだとは到底言えない。本書で私たちが語ってきた「イノベーション」と同様、われわれの知識や知見もまた、参加の機会に恵まれた数々の創造の場で培ってきたものだからだ。というわけで、本書の基盤を築き上げてくださった多くの皆さんを、順不同になるがご紹介したい。当然ながら、万が一にも本書の記述に何らかの間違いがあれば、それはすべてわれわれの責任である。

企業マネジャーの皆さん。そもそも、長年にわたってわれわれを日々の業務に参加させ、イノベーションの現場を見せてくれた彼らがいなければ、本書は誕生しなかった。皆さんとはその後も友人づきあいが続いており、中には本書にアイデアを提供してくれた方もいる。ファイザーのジョーダン・コーエン、ディアジオのダンカン・ニューサム、テレフォニカのローリー・シンプソン、ダナ・コーポレーションのマイケル・キャンベル、インデックス・ベンチャーズのデヴィッド・ライマー、ヒューレット・パッカードのリッチ・ライムンディ、ポール・ジェレミス、クリスティン・ピロン、チャーティス・インシュアランスのカレン・モリス、ゴー・トラベルのグレン・ロジャーズ、プイグのトリーシャ・クリス、そして、ここではお名前を挙げられないその他の大勢の皆さんにお礼を申し上げたい。

プレハイプのヘンリク・ヴェルデリンには特に感謝している。ヘンリクはさまざまな形で、本書にアイデアやコンセプトを提供してくれた。イノベーションの設計者や、斬新な思考の持ち主の生きたロールモデルを紹介するとしたら、ヘンリクのほかにはいないと思う。

われらが同僚たち。筆者自身のイノベーション精神について考えてみると、IESEビジネススクールこそがその基盤を形成してくれたと断言できる。まずはわれらが学長ジョルディ・カナルスに感謝を。同氏は筆者らに惜しみない支援を提供し、遅々として進まない執筆作業を忍耐強く後押ししてくださった。エリック・ウェーバー、フレデリック・サブリア、ジュゼッペ・アウリッキオ、ミレイア・リウス、マイク・ローゼンバーグ、ペドロ・ビデラ、M・イザベル・デ・ムリェールの各氏にも、執筆のさまざまな段階で貴重なご支援をいただいた。

イノベーションのエキスパートとして知られる以下の方々の功績には、絶えずインスピレーションを受けている。ジョセフ・バロー、トニー・ダビラ、サンドラ・シーバー、ヨアキム・ビリヤ、ブルーノ・カシマン、ファブリツィオ・フェラーロ、マグダ・ローゼンメラー、ジュリア・プラッツ、フリア・プラッツ、アレハンドロ・ラゴ、ビクター・マルティネス・デ・アルベニス、エフゲニー・カガネル、ヤン・シモン、マルコ・トルトリエロ、ペドロ・ヌエノ、ホセ・ルイス・ヌエノ。また、マーサ・エルビラ、カルロス・サンチェス＝ルンデ、ブライアン・オコナー・レゲット、マックス・トレスをはじめとするマネージング・ピープル・イン・オーガニゼーションズ学部の同僚の皆さんには、刺激的な職場環境を提供していただいた。ヴィム・デン・トゥインダー、ルイーゼ・ジンケ、ベリート・デンカー、マーク・ワイテン、デヴィッド・ゾーン、イドゥン・ヨンスドッティル、シルヴィア・ヨハンソン、キャサリン・セムラー、メーガン・シャプレイら、IESEのすべての職員の皆さんにも感謝したい。

世界各地のIESE提携校で教鞭を執る起業家の皆さんにもお礼を申し上げる。ニューヨーク校のキップ・メイヤー、ポール・ギャラガー、リッチ・サブリーン、ベゴーニャ・デ・ロス・ラベントス、エリザベス・ボアダ。ベルリンESMTのアンドレアス・バーンハート、クリストフ・バーガー。CEIBSのパブロ・フェルナンデス、ホアン・アントニオ・フェルナンデス、ラマ・ベラムリ、ホブス・リウ、クラウディア・リン。疲れを知らぬアズラ・ブラコヴィック研究員、かけがえのない専門知識を提供してくれたスサナ・ミンゲル・モヤ＝アンゲラー、執筆中の著者らの正気と笑顔を支えてくれたピラー・パラス・サンチェスにも心からの謝意を。

われらが代理人。優秀なる著作権代理人エズモンド・ハームスワースは、われわれのざっくりとした執筆案の代理人を引き受けてくれただけでなく、数回にわたる校正プロセスでも手を差し伸べ、さまざまなアイデアを1つの形にまとめる作業において忍耐強く後押ししてくれた。ジョアン・ワイコフとキャリン・レヴィンら、ザッカリー・シュスター・ハームスワース社のチームを率いて、エズモンドは出版に至るまでのプロセスで絶えず併走し続けてくれた。エズモンドはわれわれと共にアイデアをまとめあげ、トラブルを巧みに処理し、われわれの理性を保ち、何くれとなくサポートしながら、ユーモアを忘れることもなかった。彼のような代理人を得られて、本当に幸運だったと思う。出版のイロハだけではなく、イノベーションの何たるかをも理解し、筆者らのアイデアを明確化できる代理人は、彼をおいていなかった。

出版社の皆さん。エズモンド・ハームスワースとヘンリク・ヴェルデリンとともに、ハーバード・ビジネス・レビュー・プレス（HBPR）の編集者メリンダ・メリノもまた、本書にとって「5人目のビートルズ」と呼べるだろう。『ブルー・オーシャン戦略』（ダイヤモンド社）をはじめとする多数のベストセラーの陰の立役者であるメリンダは、本書の可能性を信じ、執筆作業に絶えず付き添って、われわれがその可能性を現実のものにするのをサポートしてくれた。彼女の建設的なアドバイスや的を射た提案、筆者らへの惜しまぬ賞賛とたっぷりのユーモアがなければ、編集プロセスは辛いものになっていたに違いない。アイデアをより明確に、具体的にする上でも、メリンダの才能は不可欠だった。

イノサイトのスコット・アンソニー、ロンドン・ビジネス・スクールのジュリアン・バークショー、アルベルト・コルツィ、アストリッド・サンドヴァルという4人のイノベーション・エキスパートにも、草稿に対するフィードバックという形で大いにご支援いただいた。原稿を練り直す際に欠かせない洞察力に富むコメントや提案に、心からお礼を申し上げたい。

HBPRのメリンダ率いる編集チームの皆さん。コートニー・キャッシュマン、エリン・ブラウン、エリザベス・ボールドウィン、サリー・アッシュワース、ジェニファー・ウェアリング、ステファニー・フィンクス、ニーナ・ノッチョリーノ、トレーシー・ウィリアムズ、メアリー・ドラン、ジョン・ワイン、オードラ・ロンガート、デヴィッド・チャンピオン、ジェーン・ゲブハートは、編集プロセスを快適なものにし、時に常軌を逸しそうになる筆者らを寛容さとユーモアセンスで導いてくれた。編集界で最も才能あふれる、手際のいいプロフェッショナルチームだった。

サポーターの皆さん。ご紹介した方々のほかにも、数人が編集プロセスに併走してくれた。アストリッド・サンドヴァルは鋭い知性で筆者らの曖昧なアイデアを形にし、価値あるアドバイスをくれた。クリストファー・ローレンツェンは鋭敏な精神で、本書にさまざまな新しい知見を提供してくれた。創造性とブランディングに対するキャスパー・ウィラーの深淵な知識からは、新たな視点を得ることができた。戦略的・創造的コミュニケーションに対するクリスチャン・ブッツの独自の視点は、本書を新たなレベルへと引き上げてくれたと思う。イノベーションに対する新たなアプローチの必要性を認識できたのは、組織における現実政策に関するアンダース・エリアン・イェンセンの観点のおかげである。ハーバード・ビジネススクールのルチアナ・シルヴェストリは、学術文献に関する明晰かつ網羅的な知識を提供してくれた。コペンハーゲンのカフェGと、マーク&ブルック・ハーカヴィ・ヘルナンデズが経営するニューヨークのバークリ・パーク・カフェは、執筆に最適な環境を与えてくれた。パズルのピースを著者らにくれた、以下の方々にも感謝している――アンディ・ケアンズ、マーク・トゥレル、シルヴィア・ベレッツァ、コーエン・クロックヒーターズ、フリーク・デュッペン、ロバート・クリストファーソン、デヴィッド・コリス、スティーヴン・ディーン、アン・スケア・ニールセン、ブルース・マクドナルド、ハリス・ゴードン、マイク・ベイラー、タニヤ・カー＝ウォルドロン、セス・アッペル、アガサ・ブランション＝エールサム、ニック・ハーン、タミー・タン、マイク・マクレディ、ジャック・

コイン、スティーヴン・パールマンズ、エリン・マクロイ、ボ・カウスガート。ごく初期の草稿では、友人たちにも力を借りた。アン・アカリ・コハツ、ソフィー・ジャレート＝フィレーニ、ユリアーン・ボル、ラスムス・ヴェンドラー・トフト、プージャ・ミドハ、ジョナス・ハイデ・スミスに感謝する。また、リセ・ローリゼンとジョン・シーレイは心の平穏をもたらしてくれた。

本書の内容に関する提案や、戦略面および精神面でのサポートに対し、デンマークで活躍する以下の皆さんにもお礼を申し上げたい。フィリップ・ピーターセン、ジュリー・パウィ・ブッツ、マリア・フィオリーニ、ウォルター・ヴァーデリン、ウルリク・トロール、ピーター・ヘリング、ハンス・ヴァーデリン、マリー・カストロップ、ヨハン・フロシャウグ、セシリエ・ムース・ウィラー、マーカス・クヌース、サイモン・シュルツ、ビルギット・ロンダール、ニールス・ヨルゲン・エンゲル、リスベット・ボルカー、ミック・ストロイバーク、アナ・フレルセン、フレミング・フォグ、フリット・ロシェンコール、そして、世界最高の経営者ミカエル・オルフセン。

エーリヒ・ヨアヒムスターラーにも、深い謝意を。エーリヒは、執筆という旅の貴重な第一歩へとわれわれを後押しし、絶えず助言と支援と優れたアイデアを提供し続けてくれた。彼のくれたあらゆるインスピレーションに感謝している。

最後になるが、「愛あふれる忍耐力」がノーベル賞の受賞対象なら、われわれの家族こそはその賞を何度も受賞しているはずだ。サラ、セバスチャン、ジョージーナ、ヒッテ、ヘンリク、グレガーズ、メレテ、クララ、カール＝ヨハン、アレンドスに愛を。

である．ただし前述したように，そもそも破壊的アイデアの探索はリスキーで，日常業務にはまず適さない．
5. Daniel H. Pink, *Drive: The Surprising Truth About What Motivates Us* (New York: Riverhead Hardcover, 2009). ［ダニエル・ピンク『モチベーション 3.0――持続する「やる気!」をいかに引き出すか』大前研一訳，講談社，2010 年］．
6. たとえば，テレサ・アマビールとスティーブン・クレイマーによる以下の著書での，自主性と明確なゴールに関する考察を参照．Teresa Amabile and Steven Kramer, *The Progress Principle: Using Small Wins to Ignite Joy, Engagement, and Creativity at Work* (Boston: Harvard Business Review Press, 2011).
7. マーク・グレンジャーとの会話に基づく．機密性を考慮し，詳細には一部変更を加えている．
8. 同上．
9. たとえば以下がとても参考になる．Morten T. Hansen and Julian Birkinshaw, "The Innovation Value Chain," *Harvard Business Review*, June 2007. ［モルテン・T・ハンセン，ジュリアン・バーキンショー「イノベーション・バリューチェーン」，『DIAMOND ハーバード・ビジネス・レビュー』2007 年 12 月号］．
10. Joachim Funke, "On the psychology of creativity," in Peter Meusburger, Joachim Funke, and Edgar Wunder (eds.), "Milieus of Creativity: An Interdisciplinary Approach to Spatiality of Creativity," *Knowledge and Space* 2, Springer Science + Business Media, 2009.
11. Robert J. Sternberg, "The Nature of Creativity," *Creativity Research Journal* 18, no. 1 (2006).
12. Robert J. Sternberg, "Domain-Generality Versus Domain-Specificity of Creativity," in Peter Meusburger, Joachim Funke, and Edgar Wunder (eds.), "Milieus of Creativity: An Interdisciplinary Approach to Spatiality of Creativity," *Knowledge and Space* 2, Springer Science + Business Media, 2009.
13. Gina Colarelli O'Connor, Andrew Corbett, and Ron Pierantozzi, "Create Three Distinct Career Paths for Innovators," *Harvard Business Review*, December 2009. ［ジーナ・コラレッリ・オコナー，アンドリュー・C・コルベット，ロン・ピエラントッツィ「イノベーション人材のキャリア・パス」，『DIAMOND ハーバード・ビジネス・レビュー』2010 年 4 月号）

付録

1. たとえば，社内に新しいエンタープライズ・ソフトウェア・システムを導入するのに，イノベーション・スキルは必要ない．従ってこの取り組みはイノベーションとは言えない．新しいシステムとは言っても，すでに広く理解され，段階を追って導入するための明確なガイドラインがあるからだ．その代わりに，新システムの導入後にはセラピーや長期休暇が必要になるだろう．
2. ところで，恐竜を歴史の敗者とするこの有名な言い回しには，何となく笑えるところがある．そもそもわれわれ哺乳類は，恐竜への反乱を起こし，地球に彗星を衝突させて彼らとの闘いに勝ったわけではない．歴史をひもとけばわかるとおり，実際には恐竜は何千年もの間この地球を支配し続け，誰にも止められない宇宙の異常現象によって絶滅したにすぎない．対する人類はと言えば，地球を支配し始めてまだほんのわずか．しかも最後には自らの手で絶滅する可能性が五分五分だ．そんなわけで，恐竜を貶めるような言い方をするのはそろそろ止めたほうがいいのではないだろうか．
3. ジョーダン・コーエンとの 2009 年の会話に基づく．

謝辞

1. Paddy Miller, *Mission Critical Leadership* (New York: McGraw-Hill, 2001). ※編注

Insight, Third Quarter, September 2012.

4. デヴィッド・クルーターとの 2009 年 8 月の会話に基づく. ファイザーワークスを適切な所属先に移すこの措置はのちに, 極めて重要な判断だったことがわかった. その後, コーエンはファイザーを離れ, 英 PA コンサルティングに入社. 知識労働者の生産性向上サポート・チームを率いるようになったからである. 一般的に, 発案者であるイノベーターの離脱はプロジェクトの終了を意味する. だがコーエンはクルーターの力を借りてファイザーワークスのために堅固な環境を築き上げ, それを自分だけのプロジェクトにせず, 組織の正式な一プロジェクトという位置付けを確保した. だからこそファイザーワークスは, 彼の離脱後も終了することがなかった. 本書の執筆時点でファイザーワークスはタニヤ・カー=ウォルドロンのリーダーシップのもと成長を続けており, 従業員の間でも大好評を博している.
5. ここでは皆さんを, コーエンにとってのボブ・オールのような立場にあると想定している. つまり皆さんは部下のイノベーションに直接かかわる時間がなく, 彼らの世話役あるいはアドバイザーとして動くという意味だ. とはいえ場合によっては, 特にイノベーションの政治的な側面にもっと積極的にかかわることもあるかもしれない.
6. クリスチャン・ブッツとの会話に基づく.
7. たとえば, 以下はすでに古典だが非常に参考になる. Robert B. Cialdini, *Influence: The Psychology of Persuasion* (New York: Collins, 1993). [ロバート・B・チャルディーニ『影響力の正体——説得のカラクリを心理学があばく』岩田佳代子訳, SB クリエイティブ, 2013 年].
8. Scott D. Anthony, *The Little Black Book of Innovation: How It Works, How to Do It* (Boston: Harvard Business Review Press, 2011).
9. ケリー・パターソン他『自分を見違えるほど変える技術——チェンジ・エニシング』.
10. たとえば, レゴはプログラミング可能なブロック「マインドストーム」を新発売した際, 記者会見の場に集まった記者やテレビ局スタッフを別室に案内し, 新製品で楽しそうに遊ぶ子どもたちの姿を披露した. この個人的な体験によって, 記者らは新製品の可能性を認めるようになったのだろう (テレビ局スタッフもこの体験をもとに, ニュース番組の終わりに流す「今日の明るい話題」の映像を制作した).
11. Jennifer S. Mueller, Jack Goncalo, and Dishan Kamdar, "Recognizing Creative Leadership: Can Creative Idea Expression Negatively Relate to Perceptions of Leadership Potential?" *Journal of Experimental Social Psychology* 47 (2011): 494–498.
12. Ginamarie Scott, Lyle E. Leritz, and Michael D. Mumford, "The Effectiveness of Creativity Training: A Quantitative Review," *Creativity Research Journal* 16, no. 4 (2004).

第 6 章　あきらめない

1. ブルワー・リットンの出したこの答えは, 彼がオーウェン・メレディスの筆名で書いた有名な詩のなかに顕著に表れている. ヴィクトリア時代の文芸雑誌『ザ・コーンヒル・マガジン』に 1860 年 11 月に掲載された詩編 "Last Words" にこうある——「天才はなすべきことをなし, 才能ある者はなし得ることをなす」. とはいえブルワー=リットンは, 天才があきらめないのは強迫観念ゆえだと考えていた. それでも, 成功のために「あきらめないこと」が肝心なのに変わりはない.
2. 使い古されたアナロジーを使って説明するなら, 芝が大好きなロバにアメとムチは必要ないとうことだ. 庭に芝が生い茂った家にロバを連れていき, その家の持ち主に芝刈り代を請求すればいい.
3. オリジナリティと有益性は似たようなメリットに思えるかもしれないが, 決して同じではない. 特にオリジナリティのほうは, 両刃の剣である点に注意したい. オリジナルなアイデアは門外漢によって発見されないという長所がある一方で, 実績がなく真価が不明で, リスキーな側面もあるからだ. たとえばテレビ業界ではプロデューサーが, 新番組向けの「オリジナルな」アイデアを探せと指示したりする. しかし彼らが本当に求めているのは, 著作権や版権の問題を避けられる, 実績のある安全なジャンルの, 既存番組とは異なるアイデアなのだ.『フー・ウォンツ・トゥ・ビー・ア・ミリオネア』のようなクイズ番組がいつまでも生き残っているのも, テレビ業界で言う「オリジナリティ」にこうした側面があるからだろう (より詳しくは, Thomas Wedell-Wedellsborg, *The Market for Television Formats*, http://www.IAsUsual.com. を参照).
4. ビジネスに「価値をもたらし得る」アイデアの探索は, 部下に強く求めないほうがいいケースもある. 長期的なアイデアや破壊的なアイデアを探させたい場合がそうだ. そうしたアイデアの価値が, 初期段階で明らかになるのはまれだから

第 4 章　アイデアを選ぶ

1. センメルヴェイスと彼の行った実験の詳細は以下を参照. Sherwin Nuland, *The Doctors' Plague: Germs, Childbed Fever, and the Strange Story of Ignac Semmelweis* (New York: W. W. Norton & Company, 2004 reprint edition). センメルヴェイスの自著も参考になる. *Etiology, Concept, and Prophylaxis of Childbed Fever*, trans. K. Codell Carter (Madison, WI: University of Wisconsin Press, 1983).
2. シェイクスピアが『ヘンリー 6 世』のなかで,「すべての法律家を駆逐すればより良い社会になる」と書いているのと似たようなものだ.
3. ちなみにゲートキーパーは, 正式なレビューチームの一員である必要はない. 新しいアイデアの評価プロセスに定期的に携わっている人物であれば, それが組織内での公式プロセスだろうとそうでなかろうと, ゲートキーパーとして力を発揮することが可能だ. 本章でのアドバイスは, 公式なゲートキーピング・プロセスはもちろん, ルーチンワークの一環として行われる非公式なゲートキーピング・プロセスにも等しく当てはまる.
4. Jay Jamrog, *Innovate or Perish: Building a Culture of Innovation*, Institute for Corporate Productivity, 2011. に基づく. ジャムログによる 2005 年の同様のアンケートでは回答率は 48%で, 6 年間に約 3 ポイント減とわずかに改善していることがうかがえる.
5. デビッド・ライマーとの 2011 年 2 月の会話に基づく.
6. 同上.
7. Claudia Goldin and Cecilia Rouse, "Orchestrating Impartiality: The Impact of 'Blind' Auditions on Female Muscians," *American Economic Review* 90, no. 4 (September 2000): 715–741.
8. ちなみにこのローテク・アプローチは, メールが誕生する以前から存在する. マイケル・L・タッシュマンとチャールズ・A・オライリーの共著『競争優位のイノベーション』(ダイヤモンド社) によれば, 1898 年, 新たな技術の導入を考えた米海軍の若い士官が各方面にたらい回しにされたことに業を煮やし, セオドア・ルーズベルト大統領に直訴したのが, 新技術の導入に結びついたという.
9. Tanya Menon and Jeffrey Pfeffer, "Valuing Internal vs. External Knowledge: Explaining the Preference for Outsiders," *Management Science* 49, no. 4 (April 2003).
10. センメルヴェイスの研究の問題点は, 当時の一般的医学理論に反していたところにある. 当時はまだ, 人は四体液のバランスの崩れや毒気により病にかかると信じられていた. センメスヴェイスが欧州の医師らを納得させるには, 手洗いの効果をその目で見てもらう以外にはおそらくなかっただろう.
11. エリック・フォン・ヒッペルは, 同じ状況下や物理的環境になければ理解されにくい知識や情報を「粘着情報」と呼んだ. 詳しくはヒッペルによる以下の文献を参照. "Sticky Information' and the Locus of Problem Solving: Implications for Innovation," *Management Science* 40, no. 4 (April 1994).
12. Micheline Maynard, "At G.M., Innovation Sacrificed to Profits," *New York Times*, December 5, 2008.
13. Daniel Kahneman, "Don't Blink! The Hazards of Confidence," *New York Times*, October 19, 2011.
14. 新しいプロジェクトに「停止装置」を設ける場合は, 寛大になったほうがいい. たとえば終了期限を設けるなら, 成果を上げるべき本来の期限よりも少し長めの期限をプロジェクト・チームに与える. 新しいプロジェクトを実践するには, 人が思うよりも長い時間が掛かるのが一般的だ. 厳しすぎる「停止装置」を設ければ, かえってそれを無視したくなる. だから, 寛大だが「絶対的な」停止装置を設けるのが望ましい. チームが半年必要だと言うなら 1 年の期限を与え, 停止装置がついに作動したが最後, プロジェクトを終了するのがフェアだとチーム全体に認識させるのである.

第 5 章　ひそかに進める

1. Everett M. Rogers, *Diffusion of Innovations* (Glencoe, IL: Free Press, 1962). [エベレット・ロジャーズ『イノベーションの普及』三藤利雄訳, 翔泳社, 2007 年].
2. Stephen R. Bown, *Scurvy: How a Surgeon, a Mariner, and a Gentlemen Solved the Greatest Medical Mystery of the Age of Sail* (New York: St. Martin's Griffin, 2005).
3. われわれも, 壊血病の物語に関する文献を発表している. 以下を参照. "How a Snob Stopped Scurvy," in *IESE*

16. とはいえ，これらはまだ誕生したばかりのツールで，数年後には格段に改善されているはずだ．現在はあたかもカンブリア紀のごとく多数のツールが開発されているが，いずれは実証済みの実用的なソリューションだけが生き残り，安定したマーケットが完成されるだろう．特に，人々をつないで問題点や疑問点を広く公開することを目的としたウェブベース・プラットフォームには，大いに期待できるとわれわれは考えている．そうしたプラットフォームなら，短期間での成果は必ずしも保証されないが，実際に試してみることで学ぶところはあるだろう．

第3章　アイデアをひねる

1. 創造のプロセスにおいて問題発見が重要であることを最初に発見したのは，チクセントミハイとゲッツェルスではない．しかしこの理論をビジネスの現場にも適用したのは，2人が初めてだ．なおゲッツェルスは，アートの世界でこの理論を証明したことで知られている．詳しくは Mihaly Csikszentmihalyi and Jacob W. Getzels, “The Personality of Young Artists: An Empirical and Theoretical Exploration,” *British Journal of Psychology* 64, no. 1 (February 1973). を参照．同著以前にもこの理論に関する文献は残されており，その最初期のものとしては，20世紀初頭にジョン・デューイによって書かれた *How We Think* (Lexington, MA: D. C. Heath and Company, 1910). がある．また，問題発見に関する学術論文としては以下をおすすめしたい．Mark A. Runco, *Problem Finding, Problem Solving, and Creativity* (New York: Ablex Publishing Corporation, 1994).
2. シスコは2011年にフリップ事業を閉鎖した．理由はいろいろあったようだが，最大の要因は次の2点と思われる．1) シスコの中核的事業に合致しなかった．そもそもシスコは消費財メーカーではない．2) スマートフォンによってそれなりの品質のビデオ撮影が可能になり，フリップはそのうち廃れるだろうと判断した．いずれにしても，フリップが開発会社にとってもシスコにとっても極めて優れたアイデアだったことに変わりはない．
3. 真のニーズや問題を理解することで企業は競争優位を得られるが，必ずしも持続可能な競争優位につながるとは限らない．それを可能にするには，さらなるイノベーションと効率性の維持・改善が不可欠だ．フリップ事業は最終的にシスコによって閉鎖された．ドロップボックスの今後も，マイクロソフトやグーグル，アップルらがクラウド・ソリューションの開発を進める中，不透明な状況にある．
4. Ethan M. Rasiel and Paul N. Friga, *The McKinsey Mind: Understanding and Implementing the Problem-Solving Tools and Management Techniques of the World's Top Strategic Consulting Firm* (New York: McGraw-Hill, 2001).［イーサン・M・ラジエル，ポール・N・フリガ『マッキンゼー式 世界最強の問題解決テクニック』嶋本恵美，上浦倫人訳，英治出版，2002年］.
5. http://pynthan.com/vri/questorm.htm にジョン・ローランドによる説明が載っている．クエスチョンストーミングに関しては，クレイトン・クリステンセン，ジェフリー・ダイアー，ハル・グレガーセン『イノベーションのDNA』（翔泳社）も参照．
6. 実際，プレハイプはイノベーション・アーキテクチャーをサービスとして販売している．そのビジネスモデルについては，同社に関するケーススタディ “Prehype: Intrapreneurship as a service,” (IESE Publishing) を参照．『ファスト・カンパニー』誌やオンラインサイト「The Next Web」をはじめとするさまざまなメディアで取り上げられている．
7. ヘンリク・ヴェルデリンとの2012年1月の会話に基づく．
8. アイデアの試行については，ピーター・シムズ『小さく賭けろ!』（日経BP社）が大いに参考になる．さまざまな企業が低コストかつ小規模な試行を通じて大きなブレークスルーを実現した事例が，多数紹介されている．
9. Ed Catmull, “How Pixar Fosters Collective Creativity,” *Harvard Business Review*, September 2008.［エド・キャットムル「ヒット・メーカーの知られざる組織文化 ピクサー：創造力のプラットフォーム」，『DIAMOND ハーバード・ビジネス・レビュー』2008年12月号］.
10. 定期的なフィードバックにはもう1つのメリットがある．テレサ・アマビールとスティーブン・クレイマーの研究が明らかにしたように，フィードバックを通じて日々の進捗を確認することにより，それがどんなに小さな一歩だろうと，大きなモチベーションが得られるのである．フィードバックがもたらすこのメリットについての詳細は，*The Progress Principle: Using Small Wins to Ignite Joy, Engagement, and Creativity at Work* (Boston: Harvard Business Review Press, 2011) を参照．
11. 同上．

第２章　外の世界とつながる

1. サドゥの物語の詳細は以下を参照. Joe Sharkey, "Reinventing the Suitcase by Adding the Wheel," *New York Times*, October 4, 2010, Corey Kilgannon, "From Suitcases on Wheels to Tear-Free Onion Slicers," *New York Times*, August 6, 2000.
2. 車輪付きスーツケースという「アイデア」を思いついたのは，実はサドゥが最初ではない．たとえば1958年には，D・ダドリー・ブルームという発明家が勤務先のアトランティック・ラゲージ・カンパニーの上司に対し，同様の製品の商品化を提案している．サドゥが車輪付きスーツケースの生みの親とされるのは，そのアイデアを「実践」したからだ．すでに定義したように，成果を生んで初めてイノベーションと呼べるのである．
3. サドゥの物語を共有したいという読者のために，本書のウェブサイト（www.IAsUsual.com）にスライドをご用意した．
4. 車輪付きスーツケースの発明以前，「旅行カバンを運ぶ苦労」の解決方法は場当たり的なものばかりだった．旅行カバンを運んでくれるポーターはいたが，空港のターミナルではスペースの制約があり，現実的な解決策とは言えなかった．車輪付きカートでは，スーツケースを載せた後にストラップで固定するという手間が生じた．サドゥの車輪付きスーツケースは，これらの粗悪なソリューションに取って代わったのである．
5. Edward de Bono, *New Think: The Use of Lateral Thinking in the Generation of New Ideas* (New York: Basic Books, 1968).［エドワード・デ・ボノ『水平思考の世界――電算機時代の創造的思考法』白井実訳，講談社，1969 年］.
6. Frans Johansson, *The Medici Effect: Breakthrough Insights at the Intersection of Ideas, Concepts, and Cultures* (Boston: Harvard Business Press, 2004)［フランス・ヨハンソン『メディチ・インパクト――世界を変える「発明・創造性・イノベーション」は、ここから生まれる！』幾島幸子訳，ランダムハウス講談社，2005 年］; Frans Johansson, *The Click Moment: Seizing Opportunity in an Unpredictable World* (New York: Portfolio, 2012).［フランス・ヨハンソン『成功は "ランダム" にやってくる!――チャンスの瞬間「クリック・モーメント」のつかみ方』池田紘子訳，阪急コミュニケーションズ，2013 年］.
7. Robert Cooper and Scott Edgett: "Ideation for Product Innovation: What Are the Best Methods?" *PDMA Visions Magazine*, March 2008.
8. 特筆すべき例外として，マサチューセッツ工科大学（MIT）のエリック・フォン・ヒッペルが考案した「リード・ユーザー法」がある．企業が自社製品の先端顧客を探し，彼らがニーズに合わせて製品に加えた改良点を参考にする手法である．リード・ユーザー法はそれなりに成果を上げられる手法だと考えられている．しかしその成功は，研究対象とする適切なリード・ユーザーを特定できるかどうかにかかっており，また，リード・ユーザーへの深い関与もやはり不可欠である．
9. 2012 年 9 月のエーリヒ・ヨアヒムスターラーとの個人的な会話に基づく．
10. ただし，ソーシャルメディア・キャンペーンは裏目に出る場合もある．2012 年 1 月，マクドナルドはツイッターでキャンペーンを開始．ハッシュタグ #McDStories を使って，マクドナルドに関するお気に入りのエピソードをツイートしてください，と消費者に呼びかけた．だがキャンペーンは始まって 1 時間後に終了した．消費者のツイートがこんな感じのものばかりだったからだ「@SkipSullivan：〝ある日マクドナルドに行ったら 2 型糖尿病の臭いが店中に漂ってて，その場で吐いちゃった〟」
11. 以下を参照．http://www.stage-gate.net/downloads/working_papers/wp_29.pdf
12. 以下を参照．http://www.theatlanticwire.com/technology/2012/07/google-doesnt-get-importance-gadget-packaging/54638/#.
13. DSM のスライドは以下で入手できる．http://www.slideshare.net/erikpras.
14. Anne-Laure Fayard and John Weeks, "Who Moved My Cube?" *Harvard Business Review*, July 2011［アン＝ロール・ファヤード，ジョン・ウィークス「コラボレーションや創造性を生み出す「意図せぬ交流」を促す職場デザイン」，『DIAMOND ハーバード・ビジネス・レビュー』2012 年 2 月号］.
15. Julian Birkinshaw, *Reinventing Management: Smarter Choices for Getting Work Done* (San Francisco: Jossey-Bass, 2010).

Arianne Cohen, "Scuttling Scut Work," *Fast Company*, February 1, 2008.

17. 「働きがいのある職場」コンテストは某独立機関が実施母体で，ニュートロフーズ・ベルギーが優勝した年には小企業，中企業，大企業，政府関連機関という 4 つのカテゴリーが設けられた．ニュートロフーズ・ベルギーは，従業員数 50 ～ 500 人のカテゴリーでナンバーワンに輝いている．
18. 最近では以下のような文献がある．*The Innovator's DNA* by Jeff Dyer, Hal Gregersen, and Clayton Christensen (Boston: Harvard Business Review Press, 2011).［クレイトン・クリステンセン，ジェフリー・ダイアー，ハル・グレガーセン『イノベーションの DNA――破壊的イノベータの 5 つのスキル』櫻井祐子訳，翔泳社，2012 年）］．このほかにも，イノベーションに関するさまざまなレポートなどが参考になる．
19. 実際には，ウォーラスのモデルは今でもイノベーションの現場で活用されている．たとえば一部の広告代理店などが，理論だけでもウォーラス・モデルを参照している．同モデルについては Graham Wallas, "The Art of Thought" (San Diego, CA: Harcourt, Brace and Company, 1926) を参照．
20. Mark A. Runco, "Conclusions Concerning Problem Finding, Problem Solving, and Creativity," in *Problem Finding, Problem Solving, and Creativity*, ed. Mark A. Runco (New York: Ablex Publishing Corporation, 1994).『イノベーションの DNA』の著者らも同様の指摘をしている．

第 1 章　フォーカス

1. たとえば以下の文献を参照．Kevin P. Coyne, Patricia Gorman Clifford, and Renée Dye, "Breakthrough Thinking from Inside the Box," *Harvard Business Review*, December 2007.［ケビン・P・コイン，パトリシア・ゴーマン・クリフォード，ルネ・ダイ「ブレークスルーを生み出すマッキンゼー流ブレーンストーミング術」，『DIAMOND ハーバード・ビジネス・レビュー』2008 年 8 月号］．
2. Paddy Miller, Koen Klokgieters, Azra Brankovic, and Freek Duppen, "Managing Innovation: An Insider Perspective," April 2012. レポート全文はわれわれのウェブサイト (www.IAsUsual.com.) で読むことができる．
3. キャップジェミニとの調査でも，イノベーション責任者でさえイノベーション戦略とは何かを説明できないケースが散見された．
4. Jay Jamrog, Mark Vickers, and Donna Bear, "Building and Sustaining a Culture That Supports Innovation," *Human Resource Planning* 29, no. 3 (July 2006).
5. Barry Schwartz, *The Paradox of Choice: Why More Is Less* (New York: Ecco Press, 2003).［バリー・シュワルツ『なぜ選ぶたびに後悔するのか――オプション過剰時代の賢い選択術』瑞穂のりこ訳，武田ランダムハウスジャパン，2004 年］．
6. たとえば以下の文献を参照．Robert Cooper and Scott Edgett, "Ideation for Product Innovation: What Are the Best Methods?" *PDMA Visions Magazine*, March 2008.
7. 食いしん坊の怒りを買うと困るので，念のために言い添えておこう．社食のメニューを増やせ，駐車場をもっと利用しやすくしろといった，ありきたりなアイデアは誰でもすぐに思いつく．そうしたアイデアも，イノベーションの目標の1つが「従業員満足度の改善」であれば，実践の価値がある．誤解しないでほしいのは，こうしたアイデアは社員の快適度に関するものであって，会社の業績に関するものではないという点だ．従業員満足度の改善が業績向上につながるのかどうかは，長年の研究にもかかわらず，まだ明らかになっていない．むしろ反対に，業績がよければ従業員満足度も改善する，という関係性が見られるほどだ．それでもやはり，従業員満足度の改善を図ること自体は無駄ではない．社食にサラダバーを設ければ株価も上がるわけではないというだけの話である．
8. まずは以下の文献を参照．Bansi Nagji and Geoff Tuff, "Managing Your Innovation Portfolio," *Harvard Business Review*, May 2012［バーナナー・ナジー，ジェフ・タフ「資源配分の黄金比率――イノベーション戦略の 70:20:10 の法則」，『DIAMOND ハーバード・ビジネス・レビュー』2012 年 8 月号］．および Vijay Govindarajan and Chris Trimble, "The CEO's Role in Business Model Reinvention," *Harvard Business Review*, January 2011［ビジャイ・ゴビンダラジャン，クリス・トリンブル「非線形のイノベーション・モデル」，『DIAMOND ハーバード・ビジネス・レビュー』2011 年 8 月号］．

原注

序章　日々の仕事のなかでイノベーションを起こすには?

1. Gary Hamel with Bill Breen, *The Future of Management* (Boston: Harvard Business School Press, 2007).［ゲイリー・ハメル，ビル・ブリーン『経営の未来――マネジメントをイノベーションせよ』藤井清美訳，日本経済新聞出版社，2008 年］; Julian Birkinshaw and Michael Mol, *Giant Steps in Management: Innovations That Change the Way You Work* (Upper Saddle River, NJ: FT Press/Prentice Hall, 2007).
2. Constantinos C. Markides, *Game-Changing Strategies: How to Create New Market Space in Established Industries by Breaking the Rules* (San Francisco: Jossey Bass, 2008).
3. Emily Lawson and Colin Price "The Psychology of Change Management," (*McKinsey Quarterly*, June 2003) に基づく. 公正さを保つために付記しておくと，ローソンとプライスは物の見方を重視する一方で，組織体制やシステムの重要性についても触れている.
4. Richard H. Thaler and Cass R. Sunstein, *Nudge: Improving Decisions About Health, Wealth, and Happiness* (New Haven, CT: Yale University Press, 2008).［リチャード・セイラー，キャス・サンスティーン『実践行動経済学――健康、富、幸福への聡明な選択』遠藤真美訳，日経 BP 社，2009 年］.
5. Kerry Patterson, Joseph Grenny, David Maxfield, Ron McMillan, and Al Switzler, *Influencer: The Power to Change Anything* (New York: McGraw-Hill, 2007).［ケリー・パターソン，ジョセフ・グレニー，デヴィッド・マクスフィールド，ロン・マクミラン，アル・スウィツラー『自分を見違えるほど変える技術――チェンジ・エニシング』本多佳苗，千田彰訳，阪急コミュニケーションズ，2012 年］.
6. Brian Wansink, *Mindless Eating: Why We Eat More Than We Think* (New York: Bantam, 2006).［ブライアン・ワンシンク『そのひとクチがブタのもと』中井京子訳，集英社，2007 年］.
7. ニュートロフーズについては機密面を考慮し，固有名詞などはすべて伏せてある.
8. Andrew Hargadon, *How Breakthroughs Happen: The Surprising Truth About How Companies Innovate* (Boston: Harvard Business School Press, 2003).
9. 私たちはこの逸話を，テレビ局へのコンサルティングサービスの一環として行った社員インタビューを通じて知った. 当時はこの逸話を深く掘り下げることはなかったのだが，本書の執筆にあたって新たに，同局の元社員 2 人に事実関係の確認を行っている.
10. A.G. Lafley and Ram Charan, *The Game-Changer: How You Can Drive Revenue and Profit Growth with Innovation* (New York: Crown Business, 2008).［A. G. ラフリー，ラム・チャラン『ゲームの変革者――イノベーションで収益を伸ばす』斎藤聖美訳，日本経済新聞出版社，2009 年］.
11. Walter Isaacson, *Steve Jobs* (New York: Simon & Schuster, 2011).［ウォルター・アイザックソン『スティーブ・ジョブズ』井口耕二訳，講談社，2012 年］.
12. Tweak（アイデアをひねる）という表現は，マルコム・グラッドウェルによる 2011 年の『ニューヨーカー』誌への寄稿文にインスピレーションを得たもので，シリコンバレーで言う「ピボットする」に近い.「ピボットする」とは，スタートアップ企業が市場参入後，そこでの経験をもとに方向性を直ちに（そうではない場合もあるが）修正することを意味する.
13. 仮名. なお，この事例は筆者のミラーが 2004 年に欧州で活動していた当時に遭遇したもの.
14. ステルスストーミングをわれわれは，「組織の既成文化や政治に沿ったやり方でイノベーションを追求すること」と定義している. つまりステルスストーミングは，組織内の既成文化や政治を踏まえた戦略であり，革命的に，大胆に，あるいはさりげなく既成文化に「対抗」してイノベーションを起こそうとする戦略とは対極にある. ステルスストーミングの概念や意義については第 5 章で詳しく述べる.
15. クルーターの引用を含めた全文は，筆者らによる以下のケーススタディで読むことができる. "Jordan Cohen at pfizerWorks: Building the Office of the Future" (Barcelona, Spain: IESE Publishing, 2009).
16. 以下などを参照. Jena McGregor, "Outsourcing Tasks Instead of Jobs," *BusinessWeek*, March 11, 2009, および

著者

パディ・ミラー
Paddy Miller

IESEビジネススクール（スペイン・バルセロナ）教授。リーダーシップと企業文化のエキスパートとして25年以上にわたり、ナイキ、ルフトハンザ、バイエル、ボーイング、世界銀行などにコンサルティングサービスを提供してきた。世界各地のフォーラム、サミットなどでスピーカーとしても活躍。マサチューセッツ工科大学、ハーバード大学、上海の中欧国際工商学院などで講師も務めている。IESEビジネススクールで経営博士号を、ケープタウン大学でMBAを取得。著書に***Mission Critical Leadership***（未邦訳）があるほか、業界誌などに多数の論文を寄稿。グローバルチームのリーダーシップに関する研究成果が認められ、米国経営学会より受賞。

トーマス・ウェデル＝ウェデルスボルグ
Thomas Wedell-Wedellsborg

IESEビジネススクール講師。コンサルティング会社ザ・イノベーション・アーキテクツのパートナー。企業におけるイノベーションと創造性を専門とし、中国やインド、ロシア、シンガポール、英国、フランス、米国、地元デンマークなど世界中にクライアントを持ち、これまでファイザー、アボット、MTVなど多業種にわたる企業のコンサルティングを行ってきた。起業家としては、デンマークの知識共有プラットフォーム「Akademisk Opgavebank」、ハーバードやスタンフォードなどトップビジネススクール出身者のネットワーク「13 MBAs」を設立。現在はロンドンのベンチャー・インキュベーター「BBC Worldwide Labs」とプロダクト・イノベーション会社「Prehype」のアドバイザーも務めている。

訳者

平林 祥
Sho Hirabayashi

東京都出身。企業内翻訳者を経て、英米翻訳家。主な訳書に『コトラーのプロフェッショナル・サービス・マーケティング』、『コトラーのホスピタリティ&ツーリズム・マーケティング』（ピアソン・エデュケーション）、『私にはもう出版社はいらない』（WAVE出版）、『ティム・ガンのワードローブレッスン』（宝島社）、『ストーリー・ウォーズ』（英治出版）がある。

● 英治出版からのお知らせ

本書に関するご意見・ご感想をE-mail（editor@eijipress.co.jp）で受け付けています。また、英治出版ではメールマガジン、ブログ、ツイッターなどで新刊情報やイベント情報を配信しております。ぜひ一度、アクセスしてみてください。

メールマガジン　：会員登録はホームページにて
ブログ　：www.eijipress.co.jp/blog
ツイッターID　：@eijipress
フェイスブック　：www.facebook.com/eijipress

イノベーションは日々の仕事のなかに

価値ある変化のしかけ方

発行日　2014年9月20日　第1版　第1刷

著者　パディ・ミラー／トーマス・ウェデル=ウェデルスボルグ
訳者　平林祥（ひらばやし・しょう）
発行人　原田英治
発行　英治出版株式会社
〒150-0022 東京都渋谷区恵比寿南1-9-12 ピトレスクビル4F
電話　03-5773-0193　FAX　03-5773-0194
http://www.eijipress.co.jp/
プロデューサー　山下智也
スタッフ　原田涼子　高野達成　岩田大志　藤竹賢一郎　鈴木美穂
下田理　田中三枝　山本有子　茂木香琳　木勢翔太
上村悠也　平井萌　土屋文香　足立敬
印刷・製本　大日本印刷株式会社
装丁　遠藤陽一（DESIGN WORKSHOP JIN, inc.）
翻訳協力　株式会社トランネット　http://www.trannet.co.jp

ISBN978-4-86276-191-0　C0034　Printed in Japan